Técnicas para ahorrar costos logísticos

Luis Carlos Hernández Barrueco

Con la colaboración de:

www.logisnet.com

Colección: Biblioteca de logística
Director: David Soler

**Técnicas para ahorrar costos logísticos.
Aurum 2**
1.ª edición, 2017

© 2017, Luis Carlos Hernández Barrueco
© de esta edición, incluido el diseño
de la cubierta, ICG Marge, SL

Edita: Marge Books
Avda. Alcalde Moix, 28 - 08207 Sabadell
(Barcelona)
Tel. 931 429 486 - marge@margebooks.com
www.margebooks.com

Gestión editorial: Hèctor Soler
Edición: Cristina Torres, Alba Megías, Anna Vinyals
Compaginación: Mercedes Lara
Infografía: Geray Serrano, Juan Zamora
Impresión: Prodigitalk, SL (Martorell, Barcelona)

ISBN: 978-84-16171-32-3
Depósito Legal: B 14771-2017

Procedencia de las ilustraciones:

Aeropuerto de Vitoria, E8
Bec-car, E42
BJ Rental, E44
Cadenadesuministro.es, E1
img.directindustry.com, E50
Innovationlab (CC BY-SA 4.0), E47
Mercabarna, E39
Rodi Motor Services, E10
Schaefer, E34
Sean Hagen (CC BY-SA 4.0), E2
Transportes Pereira, E45

El papel empleado en este libro no ha sido blanqueado con cloro elemental (Cl_2).

A Justino Hevia, maestro de maestros,
de quien aprendí muchas de las técnicas que aquí se plasman

Vale más poner un ladrillo todos los días en la realidad,
que construir la gran muralla china en los sueños.

L. Carlos Hernández Barrueco

Unidades temáticas  **AURUM**

Aurum 1A

Técnicas para la gestión financiera en logística

Aurum 1B

Técnicas para innovar y gestionar proyectos en logística

Aurum 1C

Técnicas de planificación industrial y gestión de existencias

Aurum 1D

Técnicas de cálculo con vehículos y unidades de transporte

Aurum 2E

Técnicas para ahorrar costos en el transporte

Aurum 2F

Técnicas operativas en almacén

Aurum 2G

Técnicas y fórmulas de estiba de las mercancías

Aurum 2H

Técnicas para ahorrar costos en operativas especiales

Índice

El autor 11

Introducción 13

E Técnicas para ahorrar costos en el transporte 21

Técnicas para ahorrar costos en el transporte. 23

E1 ¿Qué técnicas de negociación hay para bajar los costos de transporte? . . . 24

E2 ¿Cómo se negocia un concurso de transporte en línea (tender)? 26

E3 Contratación mediante bolsas de cargas. Proceso y ventajas 27

E4 ¿Cómo negociar directamente mediante un contrato periódico? 28

E5 ¿Cómo negociar usando el incremento del volumen de compra? 29

E6 ¿Cómo negociar a costos abiertos más beneficio fijo?. 30

E7 ¿Cómo negociar a tarifa fija?. 31

E8 ¿Cómo negociar mediante la inclusión de fórmulas de riesgo? 32

E9 ¿Cómo negociar mediante la contratación separada de costos? 33

E10 ¿Cómo negociar mediante el traslado de mejores precios al proveedor? . . . 34

E11 ¿Cómo negociar mediante la asunción de costos del proveedor? 35

E12 Negociar usando el incremento horario en la carga o en la entrega 36

E13 ¿Cómo negociar mediante el aseguramiento de la ida y el retorno? 37

E14 ¿Cómo negociar mediante la mejora del plazo de pago? 38

E15 ¿Cómo negociar una rebaja por planificación? 39

E16 ¿Cómo negociar incluyendo la compra en un paquete mayor. 40

E17 ¿Cómo negociar una rebaja por coordinación estratégica? 41

E18 ¿Cómo obtener un descuento por enrutamiento del transportista? 42

F19 ¿Cómo se obtiene una rebaja por cambio de la regla Incoterms? 43

E20 ¿Cómo negociar una rebaja por cambio de requisitos? 44

E21 ¿Cómo se obtiene una rebaja por eliminación de conceptos? 45

E22 ¿Cómo reducir costos por cambiar a contratación por unidades temporales? 46

E23 Reducir costos por cambiar a contratación por peso, longitud o volumen . . 47

E24 ¿Cómo ahorrar costos mediante negociación de €/km?. 48

E25 ¿Cómo se obtiene un ahorro de costos mediante imposición de precio? . . . 49

E26 ¿Cómo se reduce el costo con una base de datos para urgencias? 50

E27 Optimizar costos a través de comparadores de precios de transporte. 51

E28 ¿Qué técnicas se pueden aplicar para ahorrar costos de transporte
por cambio operativo? 52

E29 ¿Cómo se disminuye un costo mediante reducción de tasas? 54

E30 ¿Cómo optimizar el costo de transporte mediante sinergias con terceros?. . 55

E31 Optimizar costos aumentando la capacidad de carga en los vehículos 56

E32 ¿Qué técnicas de mejora de aprovechamiento aplicar para ahorrar costos? . 57

E33 ¿Cómo reducir el costo mediante rotación multicliente 16-24 h? 58

E34 ¿Cómo ahorrar costos automatizando los traslados internos? 59

E35 ¿Cómo ahorrar costos empleando conductores de maniobras? 60

E36 ¿Cómo ahorrar costos utilizando semirremolques o UTI propios? 61

E37 ¿Cómo ahorrar costos utilizando contenedores en depósito? 62

E38 ¿Cómo ahorrar costos mediante circuitos técnicos?. 63

E39 ¿Cómo ahorrar costos utilizando plataformas de reexpedición? 64

E40 ¿Cómo ahorrar costos mediante la selección del transporte óptimo?. 65

E41 ¿Qué es una ruta periódica y cómo ahorrar costos con su uso?. 66

E42 ¿Cómo ahorrar costos mediante sistemas de carga o descarga rápida?. . . . 67

E43 ¿Cómo ahorrar costos al eliminar creces? 68

E44 ¿Cómo ahorrar costos estableciendo la entrega o recogida en el transportista? 69

E45 ¿Cómo ahorrar costos adecuando la organización del mix en la jornada? . . 70

E46 ¿Cómo ahorrar costos mediante la consecución de subvenciones? 71

E47 ¿Cómo ahorrar costos mediante rebaja fiscal?. 72

E48 ¿Cómo ahorrar costos por adecuar el producto a la tipología de transporte?. 73

E49 ¿Cómo ahorrar costos mediante carga inmediata sin hora previa? 74

E50 ¿Cómo ahorrar costos por la contratación de camiones multiservicio?. . . . 75

E51 ¿Cómo ahorrar costos mediante la reutilización de contenedores?. 76

E52 ¿Cómo ahorrar costos con transporte justo a tiempo o en la secuencia?. . . 77

E53 ¿Cómo ahorrar costos mediante la autocarga y descarga? 78

E54 ¿Cómo aplicar las técnicas de optimización de costos en la práctica? 79

F. Técnicas operativas en almacén 81

F1 Técnicas operativas en almacén 83

F2 ¿Cuáles son los almacenes más utilizados? 84

F3 ¿Qué técnicas de mejora operativa se pueden aplicar en un almacén? 85

F4 ¿Cuál es el ancho óptimo de pasillo en el almacén para optimizar costos?. . 86

F5 ¿Cómo reducir los costos a través del diseño interno del almacén?. 87

F6 ¿Cómo distribuir los equipos de trabajo en el almacén?. 88

F7 ¿Qué elementos colocar en una sala de baterías para evitar problemas?. . . 89

F8 ¿Cómo debe configurarse el suelo del almacén?. 90

F9 ¿Qué es una zona de bloqueo y cómo ayuda a reducir costos? 91

F10 ¿Cómo optimizar la altura de los muelles de carga?. 92

F11 ¿Qué son los flujos internos de personas y vehículos y cómo optimizarlos? . 93

F12 ¿Cómo se organizan las nomenclaturas de un almacén? 94

F13 ¿Qué son los 7 despilfarros y cómo se reducen? 95

F14 ¿Qué son los *poka yoke* y cómo ayudan a reducir costos?. 96

F15 ¿Qué es el *kanban* y cómo se emplea para reducir el inventario?. 97

F16 ¿Qué es el SMED y cómo ayuda a mejorar la productividad?. 98

F17 Técnica de las 5 S. 99

F18 ¿Qué es el TPM y cómo ayuda a la mejora de la productividad en almacenes? 100

F19 ¿Qué es el *shojinka* y cómo se aplica en los almacenes?. 101

F20 ¿Qué es el almacén sobre ruedas y cómo reduce costos de almacén?. 102

F21 ¿Cómo puede la técnica SCRUM reducir costos de almacén?. 103

F22 ¿Cómo reducir los costos por planificación de la actividad diaria?. 104

F23 ¿Cuál es el mejor sistema para organizar la preparación de pedidos?. . . . 105

F24 ¿Qué criterios hay para optimizar el orden de las mercancías en almacén? . 106

F25 ¿Cuál es el mejor sistema para chequear y dar entrada a las mercancías? . . 107

F26 ¿Cómo medir y mejorar los tiempos de almacén?. 108

F27 ¿Cómo reducir los costos de almacén mediante tableros de marcha?. 109

F28 ¿Cómo mejorar la productividad a través de la técnica «Pomodoro»?. 110

F29 Las técnicas tradicionales de organización rápida de la actividad. 111

F30 La aplicación de planes de contingencia para evitar riesgos 112

F31 La técnica GTD como sistema de mejora de productividad en almacén. . . . 113

F32 La técnica de ganancia rápida o *quick wins* 114

F33 ¿Cómo hacer un inventario y con qué frecuencia para evitar errores? 115

F34 ¿Qué códigos de trazabilidad pueden utilizarse para reducir errores?. . . . 116

F35 ¿Cómo reducir las averías mediante listas de comprobación?. 117

F36 ¿Qué es un colchón de tiempo o *buffer* y cómo mejora la productividad? . . 118

F37 El uso de almacenes de flujo rodante 119

F38 ¿Qué son las microinstrucciones instantáneas y cómo se usan? 120

F39 ¿Cómo se usa la nanotecnología en almacenes?. 121

F40 La manipulación modular en almacenes para transporte terrestre 122

F41 El análisis «qué pasa sí» como herramienta de eliminación de riesgos 123

G. Técnicas y fórmulas de estiba de mercancías. 125

G1   El ahorro de costos en la estiba 127

G2   ¿Cómo se regula la estiba?. 128

G3   Las técnicas de estiba 129

G4   Dispositivos de estiba 130

G5   ¿Cómo interpretar la etiqueta de una cinta de amarre?. 131

G6   Conceptos previos: ¿cuándo sustituir una cinta de amarre? 132

G7   Conceptos previos: elección del cable de acero. 133

G8   Conceptos previos: MBL, BS, MSL y SF 134

G9   Conceptos previos: la carga segura de trabajo 135

G10 Conceptos previos: conceptos que se utilizan en cálculos de estiba 136

G11 ¿Qué es y cómo se construye la unidad de estiba? 137

G12 ¿Qué es la Norma EN 12195-1 y qué técnicas regula? 138

G13 ¿Qué es la fricción y qué valores emplear en la EN 12195-1? 139

G14 ¿Qué coeficientes de fuerzas G se emplean en la EN12195-1:2010? 140
G15 El bloqueo. Cálculo y ahorro de costos 141
G16 Bloqueo para evitar el deslizamiento. Cálculo mediante tablas rápidas . . . 142
G17 ¿Cómo se calcula el número de clavos a usar en un bloqueo? 143
G18 ¿Qué es el sello fitosanitario y cómo debe colocarse e interpretarse? 144
G19 Amarre superior. Cálculo y ahorro de costos 145
G20 Amarre superior para evitar el deslizamiento. Tablas rápidas 146
G21 Amarre directo recto. Cálculo y ahorro de costos 147
G22 Amarre directo recto. Cálculo mediante tablas rápidas 148
G23 Amarre directo en diagonal. Cálculo y ahorro de costos 149
G24 Amarre directo en diagonal. Cálculo mediante tablas rápidas 150
G25 Amarre por resorte. Cálculo y ahorro de costos 151
G26 Amarre en bucle. Cálculo y ahorro de costos 152
G27 Amarre por red o toldo de estiba. Cálculo y ahorro de costos. 153
G28 La resistencia de los semirremolques según EN 12642: 2006 L y XL 154
G29 ¿Qué tipo de rotulación se debe emplear en los bultos? 155
G30 Código CTU 2014 IMO ILO UNECE y su cálculo 156
G31 Requisitos de las tablas en el Código CTU 2014 IMO ILO UNECE 157
G32 Técnicas de amarre en las unidades de transporte de carga 158
G33 El amarre superior en el Código CTU 2014. Cálculo y ahorro de costos. . . . 159
G34 El amarre por resorte en el Código CTU 2014. Cálculo y ahorro de costos . . 160
G35 El amarre en bucle en el Código CTU 2014. Cálculo y ahorro de costos . . . 161
G36 El amarre directo en el Código CTU 2014. Cálculo y ahorro de costos 162
G37 Cálculo y ahorro de costos en chapas antideslizantes. Código CTU 2014 . . 163
G38 Técnicas de bloqueo y soporte en unidades de transporte de carga 164
G39 ¿Cómo calcular el desecante que se ha de utilizar para evitar pérdidas
     por humedad? 165
G40 ¿Qué apps de ayuda hay para el cálculo en estiba? 166
G41 Cómo calcular el dispositivo de estiba más adecuado. 167
Anexo 1. Cálculos de senos y cosenos 169

H. Técnicas para ahorrar costos en operativas especiales. 171
H1   Introducción a las operativas especiales. 173
H2   ¿Qué servicios pueden prestarse en la logística del comercio electrónico? 174
H3   ¿Cómo se aplica el envío tercerizado? 175
H4   ¿Cómo ahorrar costos de reparto derivados de atascos? 176
H5   Centros urbanos de consolidación (CUC) 177
H6   ¿Cómo ahorrar costos por ausencia de destinatario? 178
H7   Gestión de cobros y justificante de entrega 179
H8   ¿Cómo optimizar el embalado y etiquetado en la e-logística? 180
H9   ¿Cómo implementar un sistema de seguimiento de envíos? 181
H10 ¿Cómo minimizar costos derivados de instrucciones y direcciones erróneas? . . . 182
H11 ¿Cómo ahorrar costos a través del comercio electrónico colaborativo? 183

H12 ¿Cómo minimizar los costos de la logística inversa en el comercio electrónico? . 184

H13 Sistemas de optimización de rutas de reparto 185

H14 ¿Cómo solucionar el problema del agente viajero con el método
del vecino más cercano? 186

H15 ¿Cómo solucionar el problema del agente viajero con el método
de la fuerza bruta? 187

H16 ¿Cómo solucionar el problema de la mochila con el método
de ramificación y poda? 188

H17 ¿Cómo optimizar la ruta con los modelos PRV? 189

H18 ¿Cómo solucionar el problema del cartero chino? 190

H19 La logística verde y su impacto en el ahorro de costos 191

H20 ¿Qué es la huella de carbono? 192

H21 ¿Cómo calcular la huella de carbono en organizaciones con el Protocolo GHG? . 193

H22 ¿Cómo ahorrar costos mediante la huella de carbono? 194

H23 ¿Cómo ahorrar costos con la política de residuo cero? 195

H24 ¿Qué es la logística global de proyectos de carga? 196

H25 Decálogo de técnicas para ahorrar costos en logística de proyectos de carga . . 197

El autor

Luis Carlos Hernández Barrueco (Vitoria, 1972) es licenciado en Ciencias Políticas por la Universidad del País Vasco. Cursó el Máster en Dirección Logística Integral (CSG), estudios de Comisario de Averías (Colegio Oficial de la Marina Mercante) y posee otros títulos relacionados con la Dirección Logística integral, Calidad, PRL y *Management.*

Tras veinte años de desempeño en el sector logístico, tiene experiencia en todos sus ámbitos, donde ha ocupado puestos de responsabilidad en empresas multinacionales, como jefe de planta en Steco–Allibert, adjunto al director de Operaciones en Norbert Dentressangle, director de Logística y Control de la Producción en Faurecia y responsable de Logística en Levantina y Asociados de Minerales.

El autor también ejerce como profesor de Logística y ha diseñado los campus virtuales *(e-learning)* de diversas escuelas de negocios. Es una figura relevante en la educación 3.0, con el empleo de tecnologías como la realidad aumentada o simuladores, campo donde realizó el primer curso de aprendizaje en línea con Google Glass y Epson Moverio BT200.

Introducción

La logística es un área profesional que engloba el transporte, el almacenaje, la distribución de productos, la planificación industrial y, en ocasiones, incluso las compras y el aprovisionamiento. Sin embargo, es una disciplina difícil de aprender porque apenas existe formación reglada sobre estas áreas (estudios universitarios, ciclos de formación profesional o de capacitación, por ejemplo), de modo que se transmite principalmente a través de seminarios, programas o másteres no estandarizados. Por lo general, esto supone una formación diferente en cada caso y sin un criterio común sobre el contenido necesario que hay que saber para desempeñar una determinada actividad.

Por otro lado, aunque en el aprendizaje de la logística tiene una gran relevancia la práctica, la mayor parte de la formación impartida es teórica, a través de clases magistrales, con lo que no se consigue ofrecer una visión global sobre ella.

Motivados por crear una metodología de aprendizaje innovadora en el ámbito logístico, basada en la **microformación,** hemos desarrollado el método AURUM. Esta es una **metodología didáctica,** organizada para dar cohesión a los diferentes y disgregados conocimientos que se precisan para llevar a cabo las distintas funciones logísticas, y así facilitar su aprendizaje mediante una sistemática progresiva. El soporte utilizado es, preferentemente, el aprendizaje visual y físico en el que se emplean, además, las tecnologías de la información y la comunicación.

¿Qué es una destreza profesional?

Es la habilidad para realizar un proceso concreto de trabajo con eficacia y de manera correcta. Dentro de las destrezas se encuentran las técnicas, las tácticas o estrategias, la ejecución de procedimientos o protocolos y otras habilidades necesarias para la ejecución de un trabajo determinado.

En el ámbito de la logística, como en la mayoría de países no existe una formación estandarizada, los profesionales que quieran dedicarse a esta actividad se ven forzados a realizar estudios no diseñados para este propósito. Con lo cual, el rendimiento obtenido en relación con las horas invertidas es bajísimo. Esto se puede representar con la siguiente fórmula:

$$\text{Rendimiento educativo} = \frac{\text{Destrezas utilizables en un puesto de trabajo}}{\text{Horas invertidas}}$$

Ejemplo:

$$\text{Rendimiento educativo carrera cuatro años} = \frac{40}{4.800} = 0{,}08 \text{ destrezas/hora}$$

La mayoría de profesionales que quieren dedicarse a la logística realizan unos estudios base, con el fin de obtener un título universitario o de formación profesional, y complementan posteriormente su formación mediante masters, seminarios o programas.

Sin embargo, muchos desconocen las destrezas profesionales necesarias para desempeñar con soltura un determinado empleo. Si esto estuviese tipificado a nivel general, o de manera específica por parte de las empresas contratantes, podrían establecerse programas formativos acorde a estas destrezas, multiplicando enormemente el rendimiento formativo, que se obtiene de la división entre las destrezas utilizables y las horas invertidas.

Pero no solo hay que tener en cuenta el qué, sino también el cómo aprender. No se puede aprender algo complejo y aplicarlo magistralmente de manera inmediata, sino que hay una curva de aprendizaje. Se evoluciona desde el conocimiento del concepto hasta su ejecución práctica con destreza. Esto se puede ver representado en el siguiente gráfico:

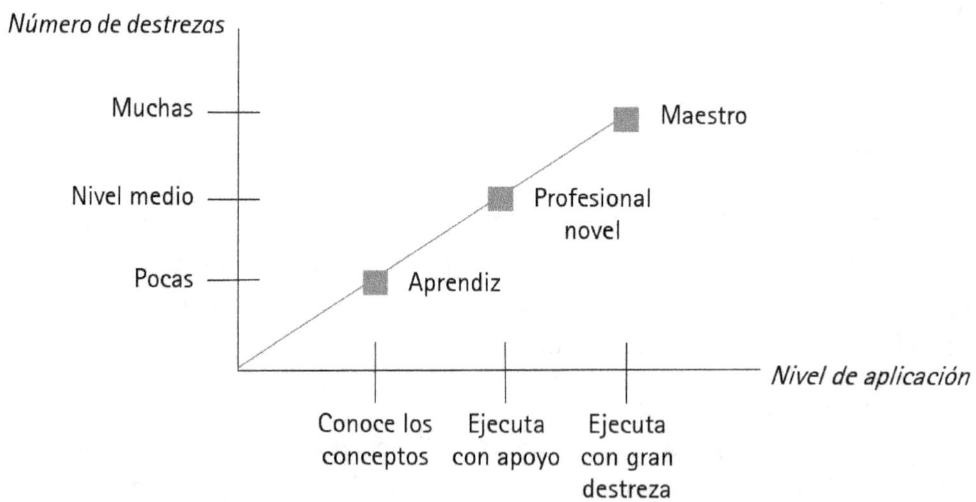

Metodología AURUM

Los conocimientos sobre logística se pueden aprender y aplicar a través de **las técnicas, las tácticas y las estrategias.** Para el estudio y el perfeccionamiento de un conocimiento es necesario potenciar las técnicas relacionadas con la visión y la práctica. Para ello, hay que apoyarse en una formación que transmita un aprendizaje de estas técnicas y que dé paso a su aplicación conjunta mediante las tácticas apropiadas. Lo que se pretende es adquirir la destreza para su aplicación y llegar a un nuevo nivel: el del pensamiento estratégico, que abre las puertas a la innovación, a la redefinición de procesos y a la mejora de todos los conocimientos adquiridos.

La metodología AURUM se desarrolla en tres fases de aprendizaje y este libro forma parte de la primera fase, la de las técnicas. La segunda fase está destinada a las tácticas, que combinan diferentes técnicas, y la tercera está destinada a las estrategias, donde se aplican los conocimientos adquiridos en una orientación determinada.

A su vez, cada fase se expone a través de áreas de conocimiento agrupadas en torno a tres ejes temáticos:

- Innovación, planificación y gestión en logística.
- Operativas de transporte y almacén.
- Ejecución y medición del servicio.

Esta edición, presentada en forma de **fichas de microformación,** está dedicada al segundo eje temático, donde se reúne un compendio de técnicas y fórmulas relacionadas con las siguientes áreas:

- Ahorro de costos en el transporte.
- Operativas en almacén.
- Estiba de las mercancías.
- Operativas especiales.

AURUM se plantea como una guía didáctica 3.0 con el apoyo de enlaces (códigos QR) con los que ampliar el conocimiento. En definitiva, AURUM es una metodología desarrollada para proporcionar las destrezas que se precisan para realizar el trabajo diario en logística.

Técnicas	Tácticas	Estrategias
Son maneras de realizar una acción o un proceso. Las más eficientes o eficaces pasan a ser *las mejores prácticas.*	Son métodos de abordar un objetivo y que conllevan la aplicación de una o diversas técnicas.	Son planteamientos que marcan la orientación general de aplicación de las tácticas y técnicas hacia un enfoque determinado.

Al final de esta introducción, se ofrece un ejercicio práctico con la finalidad de comprobar si las acciones que en él se describen, que son actividades logísticas, pertenecen al ámbito de las técnicas, las tácticas o las estrategias.

Áreas de conocimiento logístico

Las tres fases de aprendizaje de la metodología AURUM representan el conocimiento que es posible aplicar en los procesos logísticos. En estas tres fases se conectan e interactúan las áreas del trabajo diario, reunidas en torno a doce áreas de conocimiento, para facilitar su estudio conjunto.

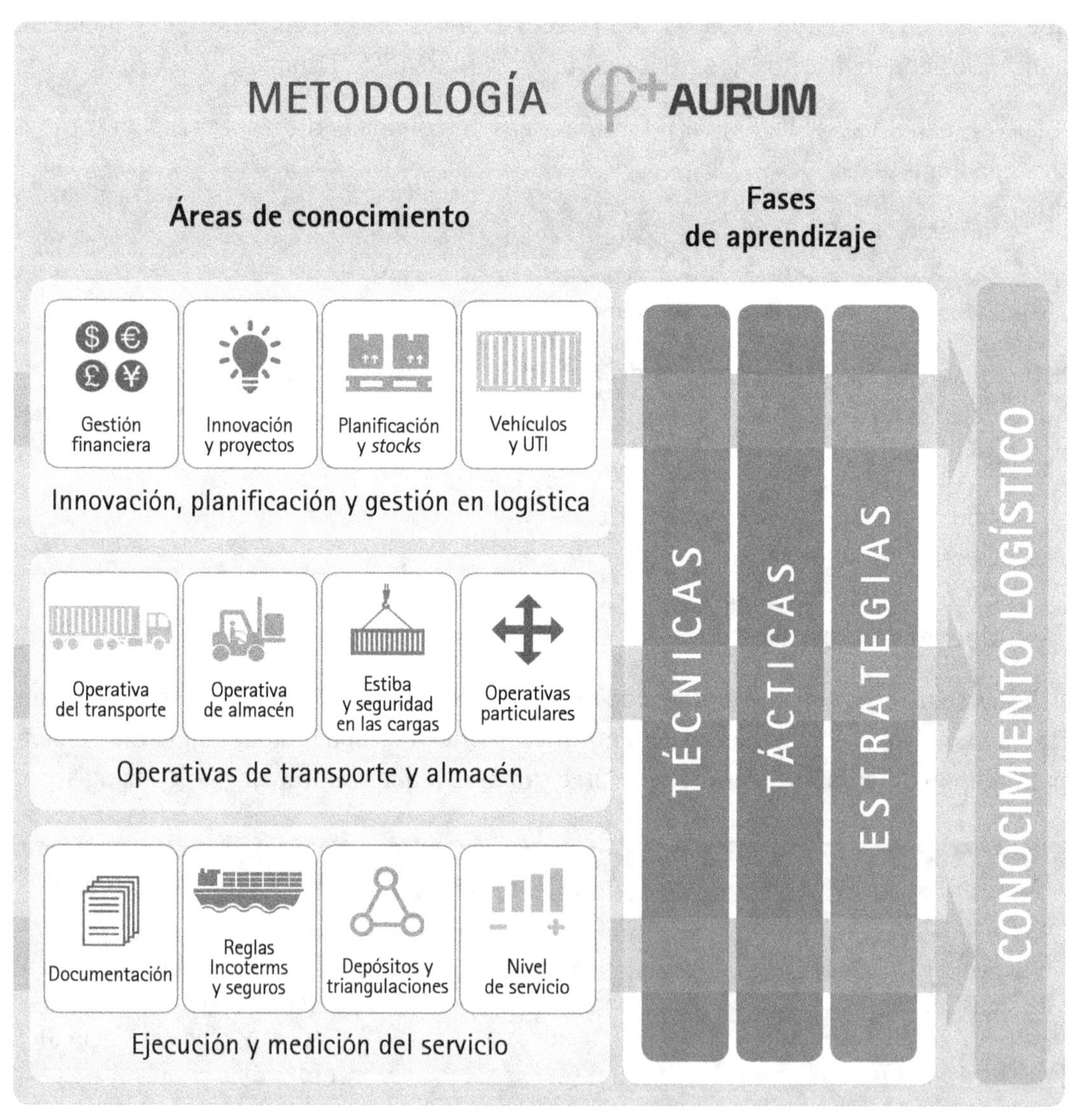

Fichas de microformación

La estructura de este libro responde a la metodología de aprendizaje AURUM. Se basa en la microformación, un sistema didáctico que permite que los contenidos se presenten en fichas independientes donde en cada una se aborda y resuelve un tema específico.

El contenido de cada ficha se presenta a su vez formando apartados que tratan la definición de cada tema, y ofrecen diferentes enfoques que facilitan la comprensión de procesos o aplicaciones y la asimilación de soluciones prácticas, ejemplos o fórmulas, entre otros aspectos clave.

Por este motivo, dependiendo de los temas que se tratan, cada ficha puede contener:

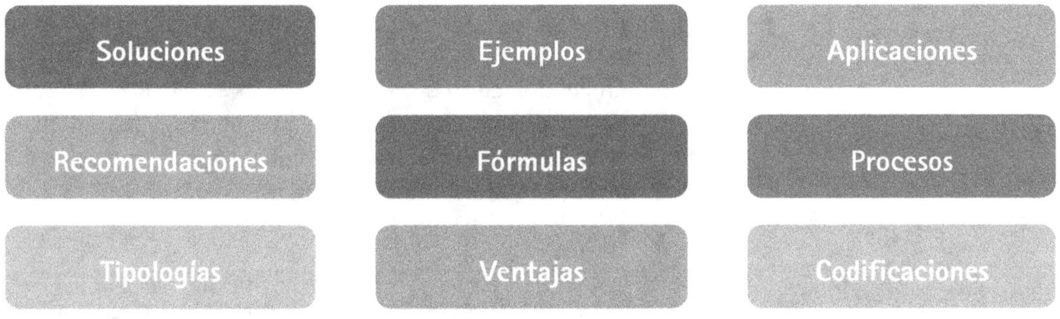

Asimismo, numerosas fichas se complementan con informaciones que permiten ampliar conocimientos específicos y enlaces a contenidos presentados en formato audiovisual:

 Información adicional de interés.

 Códigos QR con enlaces a internet.

 Las fichas de microformación presentan contenidos didácticos con un elevado nivel cualitativo. La metodología AURUM prioriza los aspectos significativos de la información y permite comprender con facilidad temáticas complejas.

Recomendaciones para la formación

Para impartir o recibir formación en cualquier área de conocimiento en logística bajo la metodología AURUM es conveniente tener en cuenta las siguientes recomendaciones didácticas:

Ítem	Metodología Aurum
Metodología didáctica	Actividades participativas
Desarrollo de la formación	El formador puede exponer las técnicas, los objetivos que se deben aprender y mostrar cómo se hace. Los alumnos deben ejecutar el proceso hasta que se alcanza el objetivo con destreza
Canales de comunicación preferente	La comunicación verbal y visual
Materiales empleados	Preferentemente objetos relacionados con las actividades que se han de desarrollar, como maquetas, realidad aumentada, realidad virtual, simuladores, tabletas, teléfonos inteligentes, ordenadores, diapositivas, vídeos, tablas, papel y gafas inteligentes
Lugar de la formación	Espacio donde se desarrollan las técnicas, tácticas o estrategias objeto de la formación. Para facilitar que los alumnos interactúen, el aula se puede disponer formando un círculo, con un objeto en el centro como, por ejemplo, una maqueta
Formato del curso	Microformación. Aprender una a una las técnicas, las tácticas o las estrategias concretas. Se pueden explicar previamente los objetos o componentes y las definiciones necesarias
Prácticas y proyectos de fin de curso	Las prácticas se pueden hacer durante la formación, sobre maquetas u otros elementos o bien sobre el terreno. Para asentar los conocimientos, se pueden realizar trabajos con objetivos reales que hay que alcanzar bajo las premisas y la supervisión del formador
Tiempo	Se pueden hacer formaciones planificadas, pero se debería centrar en torno a la formación inmediata, gracias al acceso a microcursos en línea sobre temas específicos. Algunos elementos pueden reducir el tiempo de formación necesario, como las gafas inteligentes con instrucciones que hay que visualizar durante la ejecución, por ejemplo
Medios para favorecer la retención de los contenidos	Las fichas rápidas de consulta, las técnicas nemotécnicas visuales, la práctica física, los simuladores, los microcursos o los vídeos de disposición inmediata
Valores de la formación	Sencilla, fácil, práctica y orientada hacia objetivos concretos

Indique si estos hechos son técnicas, tácticas o estrategias con una X:
(Verifique sus respuestas en la parte inferior de la tabla.)

Acciones	A. Técnicas	B. Tácticas	C. Estrategias
1 Calcular la capacidad en metros cúbicos de un contenedor			
2 Planificar la actividad de un almacén mediante ventanas horarias y turnos de ocho horas			
3 Fijar un *stock* de seguridad			
4 Orientar una empresa de transporte hacia el mercado del grupaje en Centroeuropa			
5 Realizar planes de mantenimiento preventivo para disminuir los daños por averías			
6 Cumplimentar adecuadamente una carta de porte CMR			
7 Rediseñar el sistema de distribución de una compañía basándolo en el uso de comisionistas			

Respuestas: 1-A / 2-B/ 3-A / 4-C/ 5-B / 6-A / 7-C

E

Técnicas para ahorrar costos en el transporte

Técnicas para ahorrar costos en el transporte

El objetivo de la gestión del transporte es optimizar la planificación, la selección y el manejo de los recursos y medios de transporte que intervienen en el proceso logístico de aprovisionamiento o de distribución.

La optimización implica conseguir la **máxima eficiencia económica** de manera continuada y sostenible en cada una de las fases del proceso de transporte.

Esto es algo que se conoce y se vive diariamente en los departamentos logísticos de las empresas que contratan los servicios de empresas transportistas. Para lograr este objetivo económico, una de las claves es **conocer y saber aplicar las técnicas** que permiten obtener los mayores ahorros de costos posibles, directos o indirectos.

Existen dos vías para la optimización de los costos de transporte:

1 **Por negociación.** Usando esta vía es posible reducir los precios o mejorar las condiciones (kilogramos, volúmenes, etc.) de las empresas proveedoras, y obtener así un ahorro en el precio por unidad transportada, que se traduce en una reducción del costo global.

2 **Por cambio operativo.** Esta vía implica la modificación de la manera de operar para conseguir un ahorro en el costo de cada unidad transportada. Al igual que en la familia anterior, existen numerosas técnicas operativas para alcanzar un mejor costo.

En este capítulo abordaremos más de cincuenta técnicas en ambos canales:

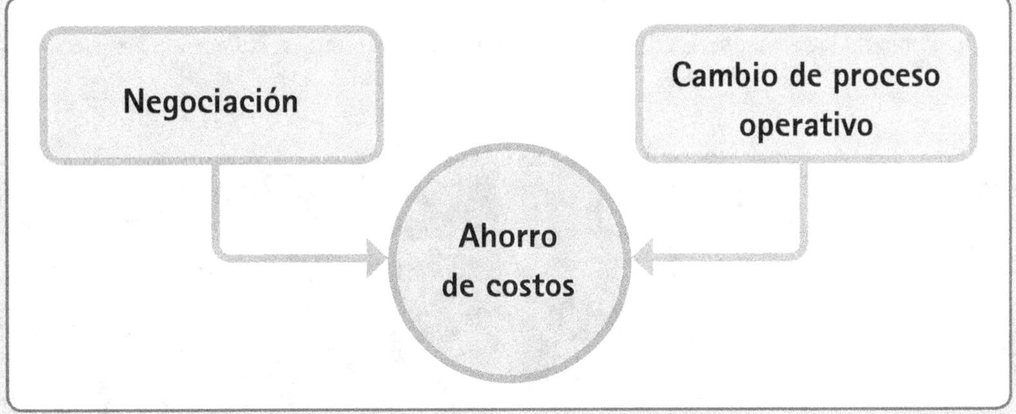

¿Qué técnicas de negociación hay para bajar los costos de transporte?

En este tipo de técnicas se discute un nuevo acuerdo con un proveedor y hay numerosas vías para poder optimizar el costo. Las veinticinco técnicas más utilizadas son:

Técnica	Descripción
Salida a *tender*	Subasta de un tráfico específico durante un periodo
Bolsa de cargas	Subasta de un viaje específico
Contrato periódico	Rebaja por otorgar seguridad de contratación durante un periodo
Incremento de volumen	Rebaja por ampliar el volumen de mercancías transportadas
Costos abiertos + porcentaje fijado	Se trabaja en costos al descubierto, pactando un precio mínimo
Tarifa fija *(forfait)*	Se opta por una tarifa plana o *forfait* para evitar variaciones
Inclusión de fórmulas de riesgo	Se introducen fórmulas de precio fijo más variables (recargos) que eviten riesgos a las partes
Contratación separada de costos	Se desglosa un servicio y se separan costos especializados (transporte, carga, descarga, etc.)
Traslado de mejores precios a proveedor	Se da acceso al proveedor a mejores precios en telefonía, gasóleo, entrega de pagarés, etc.
Asumir costos del proveedor	Se asumen algunos costos del proveedor (combustible, telefonía, etc.)
Incremento del horario o plazo	Rebaja por otorgar mayor horario o plazo para realizar operaciones
Aseguramiento ida + vuelta	Rebaja por ofertar idas más retornos, reduciendo ineficiencias

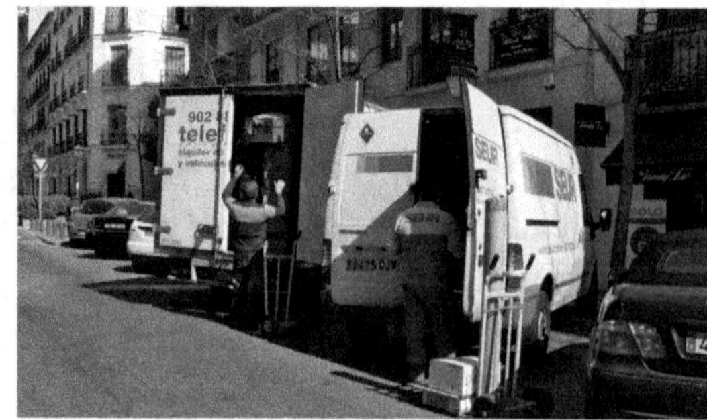

Técnica	Descripción
Mejora plazo de pago	Rebaja por otorgar un plazo de pago más reducido
Rebaja por planificación	Rebaja por planificar con la precisión y la anticipación requeridas
Inclusión en paquete mayor	Rebaja por incluir el transporte en una prestación mayor (externalización, etc.)
Rebaja por coordinación estratégica	El proveedor otorga una rebaja adicional por adquirir mayor volumen en una determinada área o servicio
Enrutar transitario por rebaja	Se obtiene una rebaja en un tramo de un recorrido internacional porque la misma empresa transitaria es contratada para el resto de tramos
Reducción por regla Incoterms	La empresa exportadora reduce el costo pactando una regla Incoterms donde el cliente asume una mayor parte del costo del transporte
Rebaja por reducción de requisitos	Se reducen los requisitos (flota propia, caballetes, equipos de protección personal, etc.) a cambio de una rebaja en el precio
Rebaja por eliminación de conceptos	Se reducen precios porque el proveedor integra conceptos en su precio (seguro, carga, etc.)
Contratación por horas o días	Negociación de un precio más bajo por contratación por horas o días
Contratación por toneladas/m^3 o m^2	Negociación de un precio más bajo por ajustarse a las unidades transportadas realmente
Contratación por €/km	Negociación de precios por kilómetro recorrido
Imposición de precio	Comunicado al proveedor de una rebaja de precio por imposición
División óptima de tramos	Rebaja del precio al segmentar el transporte en tramos negociables individualmente.

¿Cómo se negocia un concurso de transporte en línea *(tender)*?

Se denomina concurso de transporte en línea o *tender* al método por el que una empresa cargadora solicita ofertas para un determinado volumen de servicios de transporte a través de **plataformas informáticas especializadas.** Las empresas de transporte inscritas o invitadas interesadas presentan sus propuestas, hasta que se cierra el concurso y se anuncia el ganador.

Ejemplo

Un volumen de transporte podría ser:

215 portes de 21 toneladas
entre Miami y Orlando durante un año

Pasos

Es semejante a una gran subasta en la red. Es aconsejable aplicar este método para servicios sin excesiva complejidad o necesidad de conocimientos previos, que faciliten la entrada de nuevos proveedores. Estos proveedores pueden suponer un riesgo que se ha de valorar y prever. Pasos que se deben seguir:

1. Recopilar información sobre los volúmenes actuales de transporte y sus costos.
2. Fijar el objetivo de costos que se quieren conseguir.
3. Seleccionar al proveedor de la plataforma para el concurso en línea y recibir la formación sobre el uso de la utilidad web, junto con el departamento de compras.
4. Planificar las fechas para la realización del concurso en línea y su puesta en marcha.
5. Crear las plantillas y el material informativo necesario para cotizar, identificando los contactos internos disponibles para consultas.
6. Lanzar el concurso en línea, programando el método de valoración.
7. Al finalizar se recibirán los resultados y se podrá realizar una primera valoración y preselección de las empresas finalistas.
8. Es recomendable realizar una última ronda de negociaciones de manera directa, para rematar y asignar los contratos, comunicándolo a todos los participantes

Ejemplo de plataformas para lanzamiento de *tender:*

https://www.ticontract.com/es/
https://www.timocom.com/Sistema-de-concursos

Contratación mediante bolsas de cargas. Proceso y ventajas

Las bolsas de cargas son plataformas informáticas que operan en línea, especializadas en la **oferta o búsqueda de mercancías para transportar.** Normalmente son de pago y en ellas confluyen un gran número de empresas cargadoras y transportistas, aunque también hay algunas dirigidas por multinacionales para sus colaboradores y clientes.

- Las empresas transportistas pueden anunciar vehículos dispuestos para viajar, retornos desde puntos de destino, buscar colaboradores, etc.

- Las empresas cargadoras pueden ofertar cargas o buscar transporte para cargas específicas.

Ejemplo

Porte desde París a Hamburgo, 24 t, 33 palés europeos, 21 de septiembre.

Ventajas

1 Es un sistema que facilita la búsqueda de cargas para viajes de ida o de retorno, tanto para las empresas transportistas como para las cargadoras.

2 Permite conocer qué empresas suelen tener disponibilidad en determinadas zonas, pudiendo llegar a acuerdos más sólidos.

3 En muchos casos, para darse de alta en la bolsa de cargas, se exigen informes financieros, que reducen la posibilidad impagos a las empresas transportistas.

4 En otros casos, la bolsa de cargas garantiza incluso el pago de los transportes.

5 Es un sistema muy ágil, que pone en contacto a una gran cantidad de potenciales clientes y proveedores de manera inmediata.

6 Reduce tiempos y kilómetros en vacío en el transporte.

7 Permite filtros de información muy útiles para optimizar resultados.

Ejemplos de bolsas de carga:

wtransnet	http://www.wtransnet.com/es/	TRANS.EU	http://www.trans.eu/es/bolsa-de-cargas
Teleroute	http://teleroute.es/es_es	rutanet	https://www.rutanet.com
TimoCom.	http://www.timocom.es/	cargasycamiones	http://www.cargasycamiones.com

¿Cómo negociar directamente mediante un contrato periódico?

Se entiende por contrato periódico de transporte una modalidad de acuerdo entre personas jurídicas (empresas, profesionales autónomos, etc.), mediante la que una empresa cargadora asigna a una transportista unos **determinados volúmenes de servicio durante un periodo** de tiempo. Se firma bajo unas condiciones particulares, que deben estar enmarcadas en las normas comerciales generales fijadas por cada Estado.

Ejemplo

Contrato de servicio de transporte de mercancías por carretera entre Colombia y Venezuela durante 2018 entre la empresa A y la empresa B.

Ventajas

Esta fórmula permite a la empresa transportista prever unos medios y unas operativas con las que trabajar para maximizar su beneficio, a pesar de realizar un esfuerzo en adecuar el precio.

Pasos

1. El ofertante puede presentar una propuesta de contrato a una o varias empresas, fijando un concurso abierto (subasta), cerrado (presentación de ofertas cerradas y asignación a la mejor), o establecer una negociación directa con una o varias empresas hasta obtener las ofertas y seleccionar la de mayor interés.
2. Una vez definida la ganadora del contrato, se suscribe un contrato mercantil en el que, como mínimo, debe fijarse:

   - Partes que suscriben el contrato y sus datos.
   - Objeto del contrato y condiciones generales.
   - Política de uso.
   - Precio del servicio, condiciones económicas y de facturación.
   - Duración del contrato.
   - Acuerdo del nivel de servicio y garantías.
   - Opciones de modificación.
   - Régimen jurídico aplicable.

¿Cómo negociar usando el incremento del volumen de compra?

Una fórmula muy empleada por las empresas cargadoras es ofrecer a las proveedoras de transporte un **aumento en su volumen de negocio** a cambio de una rebaja en el precio o una mejora de las condiciones.

Esta técnica suele aplicarse cuando:

1. Existe satisfacción con el servicio de la empresa proveedora actual.
2. Son necesarios nuevos ahorros, pero está vigente un contrato que no se puede modificar, salvo que ambas partes estén de acuerdo.
3. Se quiere extender el buen hacer de un proveedor a otras zonas o servicios.
4. Se desea añadir alguna mejora, como la rotulación personalizada de los vehículos sin un costo extra, por ejemplo.

Contenido

El contenido del acuerdo puede variar en función de diversos factores:

Formato
- Aceptación y firma de una oferta de la empresa transportista.
- Firma de un contrato.
- Acuerdo verbal, sin registro.

Tipo de descuento
- Aplicación de nuevos precios optimizados desde el comienzo.
- Aplicación de porcentajes después de alcanzar metas.

Duración
- Periodo específico, entre fechas.
- Hasta fin del servicio, al alcanzar volúmenes o hitos fijados.
- Indefinida, hasta la orden de la empresa cargadora o la comunicación de fin de servicio por parte de la transportista, en un plazo que se haya estipulado.

Modificación
- Se pueden introducir cláusulas de actualización automática, como la variable del combustible, un incremento según el índice de precios de consumo (IPC), etc.
- Es posible incluir sanciones o bonificaciones.
- Pueden fijarse condiciones para rescindir el contrato a cambio de indemnizaciones económicas u otras contraprestaciones.

¿Cómo negociar a costos abiertos más beneficio fijo?

La negociación a costos abiertos, también conocida como *open book,* es muy valorada por las empresas cargadoras, ya que permite **desglosar los componentes del costo** de un servicio de transporte y fijar un porcentaje o margen de beneficio fijo para la proveedora. Para utilizar esta técnica hay que tener una cierta experiencia profesional y conocimiento del mercado, lo cual puede limitar su aplicación y conferir una ventaja competitiva a quienes saben aplicarla. Es una técnica contraria a la negociación a tarifa fija **(ficha E7).**

Ejemplo

Negociación de un 8 % de margen sobre un precio FOB, es decir, el precio de la mercancía en el punto de salida del país desde donde se exporta, cargada en el medio de transporte:

Total FOB Madrid – Valencia	
Concepto	Precio
THC, cargos en la terminal	170 €
B/L, conocimiento embarque	55 €
Gestión logistica	5 €
ISPS, seguridad portuaria	10 €
Tasa de muellaje	70 €
Transporte Madrid – Valencia	550 €
Despacho	50 €
Subtotal	910 €
Margen para transitaria (8 %)	73 €
Subtotal	**983 €**

Ventajas

- Se genera un espíritu de confianza entre cliente y proveedor.
- Si el proveedor baja sus costos, repercute la bajada inmediatamente en el cliente.
- Se fijan márgenes racionales.
- El proveedor puede transmitir también una subida de costos, con lo que ya no está a merced del mercado para obtener un beneficio. Siempre gana.
- Esta técnica permite conocer los componentes del costo, lo cual da pie a trabajar, caso a caso, para implementar medidas que reduzcan los costos individuales para bajar el precio global.

Uso

Se aplica mediante una solicitud de recibir ofertas o propuestas de contrato, en las que la fórmula de precio sea a costos abiertos más un porcentaje de margen comercial por la gestión de la empresa de transporte.

El acuerdo debe reflejar también fórmulas de comprobación y auditoría de los costos, para verificar que, efectivamente, estos son los reales. Estas fórmulas pueden ser, por ejemplo: añadir las facturas de compra de un servicio, llevar un registro común de costos, etc. También es aconsejable fijar unas cláusulas o precios máximos, para buscar otras opciones si se llega a un determinado costo.

¿Cómo negociar a tarifa fija?

La tarifa fija, también conocida en el sector del transporte como *forfait*, permite que **la empresa transportista siempre cobre lo mismo por un determinado servicio,** aunque suban o bajen sus costos e independientemente del volumen de servicio contratado. Es una técnica contraria a la negociación a costos abiertos **(ficha E6).**

Ejemplo

CIF Algeciras-Miami: 990 € × contenedor de 20 pies

Sugerencia

En transporte marítimo, suele ser mejor negociar a costos abiertos ya que hay conceptos, como el despacho de aduana o el conocimiento de embarque, que se cobran una sola vez por partida, y si se empleara una tarifa fija se cobrarían en cada contenedor.

Ventajas

El uso de una tarifa fija suele ser ventajoso para el cliente cuando:

- Se prevé una subida de costos (gasóleo, fletes, incremento del índice de precios al consumo, etc.) y se quiere evitar que ello impacte en el precio.
- No posee mucho volumen de carga y recibe una oferta de precio por debajo del promedio que está obteniendo habitualmente.
- Va a incluir los portes en una venta y necesita disponer de un precio fijo con bastante antelación para incluirlo en la cotización.
- Desea dar a un proveedor la posibilidad de que mejore su beneficio si mejora su productividad u operativa, como estrategia de motivación hacia el proveedor.

¿Cómo negociar mediante la inclusión de fórmulas de riesgo?

En ocasiones, una negociación se atasca a causa de la inestabilidad de los mercados y precios. En ese caso, la empresa proveedora ha de poner una validez muy corta a su oferta, o un precio alto a medio y largo plazo. Para desbloquear la situación se puede proponer un precio aceptable para ambas partes y **añadir una actualización periódica** en función de la evolución de los costos u otros factores que puedan repercutir en el servicio de transporte.

Ejemplo

En muchos modos de transporte existe una actualización o un ajuste de precios en función de la evolución del costo del combustible.*

*El ajuste de combustible lo aplican en las tarifas las compañías de transporte por el incremento o descenso del precio del combustible, según el día en el que se efectúa la carga, expresado en porcentaje o como importe fijo por TEU transportado.

Uso

Las fórmulas de riesgo son aquellas que se aplicarán para actualizar un precio al llegar a una situación determinada (incremento del índice de precios al consumo o de otros indicadores, como el Euribor, etc.). En su aplicación, es conveniente tener en cuenta los siguientes aspectos:

- Es aconsejable que siempre queden escritas en un contrato, lo que permite una mayor extensión que las ofertas por escrito más condiciones.
- Una vez firmado el acuerdo, es importante cumplir los plazos de su revisión y comunicar la situación (si hay variación o no) en unos periodos fijos.
- Uno de los aspectos significativos que se han de plasmar por escrito es cuándo se aplicarán las tarifas con la variación. Por ejemplo, si el precio varía el 1 de marzo, ¿se aplican desde ese día?, ¿al siguiente?, ¿cuando se comunique? Hay que dejarlo claro para evitar conflictos y controversias entre cliente y proveedor.
- Cuando hay variaciones, hay que cambiar de inmediato las tarifas en el sistema de gestión de la empresa (ERP) para evitar descuadres con las facturas que se emitan o se reciban.

Ejemplo de suplemento de combustible

¿Cómo negociar mediante la contratación separada de costos?

Esta técnica se aplica cuando el servicio que se ha de contratar **se segmenta en tramos o conceptos** que pueden concertarse, de manera individual, con más de un proveedor. De esta manera, es posible buscar la empresa más especializada y competitiva en un determinado servicio, unificar volúmenes de otros servicios que estén asignados a otros proveedores, etc.

Ejemplo

Utilizando una regla Incoterms FOB, se puede contratar el transporte hasta o desde el puerto a una empresa transportista distinta de la transitaria o naviera. De este modo, es posible agrupar volúmenes y fidelizar el servicio de transporte.

Esa técnica sería el equivalente a eliminar la función de una empresa contratista de la construcción para trabajar directamente con los oficios subcontratados.

- Al ocupar la figura de la mayorista, se elimina su margen.
- Se conoce mejor a las empresas subcontratadas y es posible aglutinar volúmenes de varios servicios para obtener mejores condiciones.
- Conocer la figura de las empresas proveedoras permite integrarlas mejor en los sistemas internos (calidad, prevención de riesgos laborales, etc.).

Pasos

Para aplicar esta técnica, la empresa contratante debe seguir el siguiente proceso:

1. Desglosar el servicio que se ha de analizar en partes que puedan ser negociadas por separado.
2. Analizar individualmente qué precio se puede conseguir para cada uno de los conceptos individuales.
3. Comparar si es mejor contratar el transporte con «todo incluido» o la opción de contratar individualmente cada concepto.
4. Proceder con la opción que resulte globalmente más ventajosa.

¿Cómo negociar mediante el traslado de mejores precios al proveedor?

Puede suceder que la empresa contratante sea de mayor dimensión que la transportista a la que contrata y disponga de mejores precios que esta en conceptos significativos, como combustible, seguros o telefonía, por ejemplo. Si las proveedoras de estos servicios lo permiten, la empresa cargadora puede proponer a la transportista la oferta de **extenderle sus tarifas más ventajosas** a cambio de una rebaja en los portes.

Ejemplo

A cambio de un 5 % de descuento en la tarifa, un operador logístico subcontrata a un transportista, extendiéndole sus tarifas en la compra de neumáticos y combustible, y en la contratación de telefonía, seguros de vehículos y mercancías, reparaciones, alquiler de vehículos, tiques de restaurante y hoteles.

A muchas pymes del transporte les cuesta mucho conseguir buenos precios. Trabajar para grandes compañías suele ser duro, pero a veces es una buena estrategia para conseguir tarifas de servicios que se pueden aplicar a toda la flota.

Pasos

El traslado de precios se hace mediante acuerdos previos de la empresa contratante con sus proveedoras de servicios, para extender sus condiciones a los proveedores de transporte. El modo en que se puede hacer llegar estas ofertas a la empresa transportista suele ser:

- A través de correo electrónico, en forma de propuesta.
- En las negociaciones comerciales y posterior contratación de servicios, como parte de las condiciones generales.
- En entrevistas directas para comentar las ofertas y estudiar el interés.

¿Cómo negociar mediante la asunción de costos del proveedor?

Es una técnica mediante la cual la empresa contratante de servicios de transporte asume el costo de **la compra o el alquiler de algunos de los materiales, útiles o vehículos** que precisa la empresa transportista para realizar el servicio, a cambio de una rebaja en el precio final.

Ejemplo

Una empresa extractora de mármol contrata a diversas empresas de transporte para el traslado de bloques de mineral, pero solo contrata la tractora al enganche, de modo que los semirremolques, las maderas, las cintas de amarre, las cantoneras, etc., corren por cuenta de la empresa contratante. El precio final total es menor que el que hubiese supuesto la contratación de todos los elementos a las transportistas.

Uso

Esta técnica suele aplicarse cuando:

- El transporte requiere invertir en equipos o útiles especiales y la empresa cargadora no quiere firmar acuerdos a medio o largo plazo. Por este motivo, realiza ella misma la inversión y así puede suscribir contratos de menor duración.
- Los medios o útiles puedan ser utilizados por varias empresas subcontratadas, de modo que se obtenga un mayor ahorro que si los emplea una sola.
- Se trabaja con proveedores con poca capacidad económica pero un buen precio. Para asegurar la relación comercial, la empresa contratante soporta algunos gastos.
- Hay que personalizar los vehículos y la porteadora no pueden usarlos fuera de la relación con la empresa contratante. Así que esta los asume.
- La empresa contratante obtiene alguna ventaja comercial o financiera si adquiere vehículos o útiles, por ejemplo por bonificaciones fiscales.

Negociar usando el incremento horario en la carga o en la entrega

Es un tipo de negociación por el cual la empresa contratante aumenta el horario o plazo para la carga o la descarga de la mercancía en sus instalaciones a cambio de una rebaja en el flete.

Ejemplo

Órdenes de carga en las que la fecha de carga y entrega no son una fecha u hora concretas, sino plazos como estos:

- Recogida: entre el 3 y 8 de abril de 2018 (tardes).
- Entrega: entre el 4 y 9 de abril de 2018 (mañanas).

Se aplica cuando la empresa cargadora acostumbra a demandar un servicio de transporte sin aviso previo, con perjuicio para la transportista. Si este tipo de ampliación en los plazos supone una ventaja para esta última, pueden pactarse las nuevas condiciones a cambio una rebaja.

Es habitual que la empresa transportista deje contenedores o cajas móviles a la cargadora para irlos recogiendo, una vez cargados, cuando más le convenga.

Uso

Esta técnica se puede aplicar de muy diferentes maneras:

- Si se hace mediante la petición de ofertas a varias empresas y la emisión de una orden de carga puntual, basta con poner los plazos de carga y de entrega en la petición de cotizaciones y en las órdenes de carga.
- Si se ha suscrito un contrato de servicios, estos plazos debe reflejarse en las condiciones generales del servicio.
- Si la contratación se hace mediante un concurso *tender*, hay que reflejar este punto en las condiciones generales del servicio y en las observaciones, indicando que es un apartado favorable a la empresa transportista.
- Si se hace la contratación mediante una bolsa de cargas, hay que tener en cuenta que estas no suelen tener casillas especiales para plazos tipo 7-10 de mayo, sino que sus casillas son del tipo «fecha de carga» o «fecha de entrega». Por ello, suele ponerse las fechas de recogida y entrega más lejanas e indicar las condiciones específicas en el apartado de observaciones.

¿Cómo negociar mediante el aseguramiento de la ida y el retorno?

Uno de los mayores quebraderos de cabeza para las empresas de transporte es la búsqueda de retornos. En muchas ocasiones, estas se ven forzadas a aceptar precios muy bajos –llegando incluso a no cubrir ni los costos del combustible– para poder volver a la zona de la base operativa. Por este motivo, una técnica de negociación consiste en ofrecer a la empresa transportista **la ida y el regreso en un mismo servicio,** a cambio de una rebaja sobre la tarifa individual que hubiesen tenido ambos portes.

Uso

Esta técnica suele emplearse en la gestión del transporte para coordinar y combinar las entregas de productos acabados y materias primas para lograr un ahorro.

- En la práctica, la empresa cargadora suele organizar las áreas de aprovisionamiento, planificación o tráfico por zonas de recogida y de entrega. De este modo, todas las cargas y entregas que se concentran en una determinada zona pueden ser realizadas por una misma persona. Así, si esta tiene una visión global de todo lo que hay que recoger y entregar es posible negociar un mejor precio de ida y vuelta.
- La consecución del ahorro viene por la solicitud de cotización, si se trata de carga puntual, o si se puede incluir en las tarifas o contratos que se pacten.
- Hay una norma no escrita por la cual, si se ofrece un viaje de vuelta a una empresa transportista, esta aplicará un descuento del 25 % sobre el precio estándar de la vuelta. La excepción es el tráfico de contenedor cuando hay importación. En este caso, se puede llegar al 50 % de descuento si, cuando se descarga un contenedor, se vuelve a cargar de vuelta. Ello se debe a que se ahorra un trayecto de recogida del contenedor en el puerto.

¿Cómo negociar mediante la mejora del plazo de pago?

La obtención de una reducción por ofrecer una mejora en el plazo de pago consiste en ofrecer **la posibilidad de acortar el plazo de cobro de la empresa transportista,** a cambio de un pequeño descuento que suele estar en torno al 1,5 % por cada 30 días de adelanto, aunque esto varía mucho según el país.

En el caso de aquellos países con una inflación muy alta, este porcentaje puede superar el 10 %.

Ejemplo

- Supongamos que un transportista cobra a 60 días y tiene una tarifa de 950 € por un porte de camión completo entre Coruña y Valencia.
- La empresa contratante podría negociar con él un descuento de un 3 % (21,5 €) por pagar en el plazo de una semana, con lo que el porte se quedaría en 921,5 €.

Ventajas

A la empresa transportista que descuenta pagarés u otras formas de pago, con frecuencia le compensa aplicar este tipo de descuentos, porque le son más favorables que las comisiones que le cobran los bancos por avanzarle el dinero.

La cargadora obtiene un mejor precio y, si tiene liquidez, puede llegar a obtener un mayor beneficio pagando antes que los intereses que pudiese haber obtenido por depositar ese dinero en el banco.

Recomendación

La estrategia de pagos debe ser siempre consensuada y diseñada en coordinación con el departamento responsable de la tesorería. Siempre que se cambie la forma de pago en operaciones puntuales hay que comunicarlo a tesorería y modificarlo en el sistema de gestión de la empresa para evitar problemas cuando llegue la factura.

En general, es aconsejable una reunión anual entre octubre y noviembre, que es cuando suele prepararse el presupuesto del año siguiente, para fijar la estrategia de pago, los límites, las formas de pago y otras variables.

¿Cómo negociar una rebaja por planificación?

Esta técnica de negociación consiste en que la empresa cargadora se compromete a establecer un **sistema de planificación en el transporte,** de común acuerdo con la transportista, a cambio de una rebaja en el precio del mismo.

Ejemplo

La planificación del transporte a través de ventanas temporales fijas o con suficiente anticipación por parte de las plataformas logísticas de distribución facilita que la empresa transportista pueda optimizar su programación. Con ello consigue hacer menos kilómetros en vacío, reducir el consumo de combustible, aprovechar el tiempo permitido de conducción continuada, maximizar la facturación del vehículo o buscar clientes fijos que se complementen con el tráfico previsto.

La petición de servicios no planificados supone un reto para las empresas de transporte, que deben actuar sobre la marcha, guardando vehículos «por si los solicitan» y buscándoles cargas baratas al final del día si finalmente no llega una petición.

Uso

En la aplicación de esta técnica hay obligaciones para las partes cargadora y transportista, ya que el objetivo final es optimizar el rendimiento del vehículo y de los equipos humanos empleados a través de una mejor planificación:

La empresa cargadora

- Informará a la transportista de unas previsiones «blandas» a medio plazo sobre las cargas o descargas que prevé realizar durante un periodo. Analizará las rutas, los horarios y otras informaciones de interés relativas a la operativa de sus proveedores.
- Planificará las cargas y descargas dentro de las horas y días óptimos para la transportista, a fin de que esta optimice sus recursos.

La empresa transportista

- Informará de sus horarios, origen y destino a la cargadora, para que esta tenga una visión clara de cuándo tienen tiempos muertos o desaprovechados.
- Recibirá la información de la cargadora y organizará sus vehículos para optimizar sus recursos, cargando las mercancías en las franjas óptimas.

¿Cómo negociar incluyendo la compra en un paquete mayor

La técnica de incluir la negociación sobre transporte en un paquete mayor es una variante de la técnica del incremento de volumen de compra **(ficha E5).** Consiste en que la empresa contratante oferte a la empresa de transporte la **realización de otro tipo de servicios, diferentes a los del transporte** (esta es la diferencia con el incremento del volumen de compra), con el fin de incrementar el volumen de negocio y obtener una rebaja.

Ejemplo

Las empresas de trabajo temporal o las proveedoras de servicios externalizados suelen estar muy interesadas en propuestas de este tipo. Ellas mismas pueden ofertar posibilidades de colaboración con la empresa contratante en cuanto a servicios tan diferentes del transporte como el envasado de productos, la seguridad, la jardinería o el mantenimiento de instalaciones, por ejemplo.

Uso

Para aplicar esta técnica, la empresa contratante debe seguir el siguiente proceso:

1. Estudiar qué tipo de servicios puede añadir al paquete mayor. Los servicios pueden ser logísticos o no, por lo que es recomendable que este análisis sea realizado por los departamentos implicados y con capacidad de decisión final (en particular los departamentos de recursos humanos).
2. Fijar unos criterios y metas claras y precisas con las que realizar las negociaciones, para que luego estas puedan llegar a buen fin cuando sean valoradas por los departamentos afectados.
3. Seleccionar candidatos de perfil integral (operadores logísticos, especialistas en gestión integral, etc.) y presentarles una propuesta de cotización.
4. Una vez decidida la mejor oferta entre los diversos departamentos, firmar un contrato de servicios, con un plan de puesta en marcha y el detalle necesario

¿Cómo negociar una rebaja por coordinación estratégica?

La obtención de rebajas a cambio de una coordinación estratégica entre la empresa cargadora y la transportista es una técnica que sirve para que esta última pueda **introducirse o posicionarse en un determinado sector** gracias a dicho acuerdo.

Ejemplo

Un operador ferroviario quiere consolidar una nueva línea regular. Como inicialmente tiene muchos huecos, decide operar muy por debajo de costo con algunos clientes para que el arranque con un precio bajo sea un estímulo. Los clientes se benefician de un transporte muy barato.

Uso

El proceso que se debe seguir para aplicar esta técnica, es el siguiente:

- La empresa de transporte suele dar el primer paso, ya que es quien realmente marca la estrategia para crecer en un sector, o quien está dispuesta incluso a perder dinero durante la curva de aprendizaje a cambio de introducirse en un negocio.
- Tras un primer contacto, la empresa contratante deberá valorar si compensa educar y facilitar el trabajo de la empresa de transporte a cambio de un descuento durante un tiempo.
- Si acepta, ambas empresas deberán realizar una concienzuda planificación para formar a los equipos profesionales, preparar los medios y desarrollar la operativa logística que permita conseguir un nivel de servicio adecuado.
- En este tipo de casos, la empresa contratante deberá intentar conseguir unas condiciones comerciales con una validez lo más lejana posible, para disfrutar de ellas aun cuando la empresa de transporte empiece a conseguir sus objetivos.

¿Cómo obtener un descuento por enrutamiento del transportista?

El enrutamiento de la empresa transportista es una práctica que se aplica cuando el porte se asume en dos tramos, uno por la empresa expedidora o proveedora y otro por su cliente. Esta última asume el porte principal pero obliga a la expedidora a contratar a su transportista como parte del acuerdo. El ahorro para el cliente consiste en que la **transportista le aplica un descuento en su tramo, que repercute a la expedidora** en un precio más elevado en la parte que le toca pagar.

El enrutamiento se convierte en una mala práctica si no se pacta de común acuerdo. Por ello es aconsejable fijar un precio máximo de transporte en el contrato de compraventa.

Ejemplo

El costo habitual para un porte desde un proveedor con sede en Madrid hasta Veracruz es:
a) Flete Madrid – Valencia: 250 € (proveedor).
b) Puerto Valencia – Veracruz: 1.200 € (cliente).
El proveedor ha aplicado el margen de descuento máximo posible en la mercancía, pero el departamento de compras del cliente ha logrado que, además, acepte pagar algo más en el porte, quedando así:
a) Flete Madrid – Valencia: 450 € (proveedor).
b) Puerto Valencia – Veracruz: 1.000 € (cliente).
Gracias al enrutamiento del proveedor, el cliente ahorra 200 €.

Uso

Se suele usar cuando una empresa proveedora, por normas internas, no puede aplicar un mayor descuento sobre un producto, pero tiene margen comercial para asumir un costo superior sobre el transporte que paga.
En este caso, es posible pactar entre las partes proveedora y cliente una condición de entrega –regla Incoterms– en la que la primera acepte realizar el tramo que le corresponde con la transportista que designe la cliente, por un precio algo mayor que el que hubiese pagado habitualmente.
En tal caso, la empresa transportista ha de asumir que lo que a la proveedora le cobre de más lo ha de repercutir a la cliente como rebaja en la parte que le corresponda.

¿Cómo se obtiene una rebaja por cambio de la regla Incoterms?

La reducción del costo de transporte por cambio de la regla Incoterms previamente acordada cobra sentido cuando una de las partes, compradora o vendedora, puede acceder a unas condiciones más ventajosas en un determinado tramo o concepto del recorrido. Este factor puede hacer decidir, de común acuerdo entre ambas partes, el cambio de la regla Incoterms para conseguir una reducción del costo total del transporte que se aplica a la factura.

Para aplicar esta técnica, **clientes y proveedores deben comunicarse los costos de transporte abiertamente** y utilizar esta información para lograr mejores precios en el conjunto del porte

> Las reglas Incoterms expresan las obligaciones y los derechos que aceptan las partes compradora y vendedora en cuanto a las distintas fases del proceso de transporte elegido y las condiciones acordadas para la entrega de las mercancías. El punto de entrega varía y puede ir desde el propio domicilio de la empresa expedidora (reglas EXW o FCA, por ejemplo) hasta el destino final que determine la cliente (regla DDP).

Ejemplo

Un cliente de Jalisco (México) compra en Manzanillo doce toneladas de rodamientos por valor de 40.000 $, a lo que hay que sumar 1.000 $ por el transporte en condiciones FCA Colima (ciudad situada entre Jalisco y Manzanillo). El transporte desde Manzanillo a Colima costaría 850 $. En esta ciudad se transbordaría la mercancía a un camión enviado por el cliente, quien asumiría un costo de 150 $ por el transbordo, más el del transporte desde Colima hasta Jalisco, de 900 $. El precio total del transporte sería de 1.900 $.
La empresa proveedora ofrece al cliente venderle los rodamientos en condiciones DDP (entregado en destino) por valor de 1.600 $ (a ella le costaría 1.400 $), con lo que el cliente ahorraría 300 $, y la empresa proveedora ganaría 200 $ por realizar el transporte.
Para aplicar esta técnica, clientes y proveedores deben comunicarse los costos de transporte abiertamente y tratar de usar esta información para lograr mejores precios en el conjunto del porte.

¿Cómo negociar una rebaja por cambio de requisitos?

Se trata de una técnica de negociación que consiste en **simplificar, eliminar o modificar determinados conceptos o requerimientos** solicitados habitualmente en la cotización del transporte de mercancías, para que el precio de este pueda reducirse.

Ejemplo

Una empresa de prefabricados de hormigón siempre ha contratado a transportistas que dispusiesen de caballetes metálicos para soportar los paneles de hormigón durante el transporte.

Pero decide comprar sus propios caballetes y contratar a transportistas más baratos a los que prestar estos elementos.

Luego, mediante un sistema de logística inversa, los recupera, con lo que consigue que el conjunto de los costos sea menor.

Uso

Para aplicar esta técnica, la empresa cargadora debe seguir el proceso siguiente :

1. Se analizan y describen los requisitos que se exigen a la empresa porteadora, así como el posible suplemento que nos cobra por ellos y el costo que estos tienen individualmente en el mercado.
2. Se estudian alternativas de contratación por separado, mediante sistemas de compra o alquiler, para cada uno de estos conceptos.
3. Se comparan las distintas posibilidades y, si resulta más económico gestionar internamente estos requisitos, se negocia con la empresa transportista una rebaja por reducir los requerimientos solicitados regularmente para la realización del transporte.

La mayor empresa de alquiler de palés y contenedores del mundo gestiona diariamente más de 300 millones de unidades. Ello permite a transportistas y expedidores no tener que portar o comprar este tipo de embalajes, con el ahorro que conlleva.

¿Cómo se obtiene una rebaja por eliminación de conceptos?

Es una técnica de negociación similar a la de cambiar los requisitos solicitados en la cotización del transporte **(ficha E20),** pero que va un paso más allá al **eliminar completamente la necesidad de alguno de los conceptos** que están incluidos en el precio, con lo que este debería necesariamente reducirse.

Ejemplo

El flexitanque es un ejemplo de eliminación de conceptos. Cuando se contrata un transporte de líquidos (vino, aceite, etc.) en cisterna, normalmente hay que pagar el porte de la ida y la vuelta.

En cambio, si se emplea un flexitanque como recipiente solo se paga la ida ya que este se pliega y solo ocupa un metro cúbico, con lo que el vehículo puede hacer su retorno casi en su plena capacidad, y solo se pagaría el retorno del flexitanque plegado, si es que no se quedase en destino. Con ello, se elimina el uso de vehículos cisterna y se reduce drásticamente uno de los conceptos del precio habitual: el porte de vuelta.

Uso

El uso de esta técnica requiere siempre eliminar (no transformar) alguno de los conceptos de transporte, impuestos, tasas, servicios, etc., requeridos, para lo que hay que seguir el procedimiento siguiente:

1. Analizar qué componentes y tramos tiene el transporte contratado, así como los requisitos exigidos y su costo.
2. Estudiar qué posibles partes del total pueden ser eliminadas. Puede usarse el método SCAMPER **(ficha B6)** para promover nuevas ideas.
3. Una vez configurada la nueva operativa, contactar con la empresa transportista para negociar el nuevo precio, calculando qué valor puede tener la parte eliminada.
4. Modificar el artículo en el sistema de gestión corporativa (ERP) y en las tarifas de transporte.

¿Cómo reducir costos por cambiar a contratación por unidades temporales?

Es una técnica que se aplica cuando los precios de transporte están cotizados por viaje ($kg \times m^3$, u otros conceptos) y se pasan a **cotizar por unidades temporales** (cantidad de servicios por hora o día, por ejemplo), con la posibilidad de que la empresa cargadora obtenga un costo menor que el que pagaba anteriormente (es una situación inversa a la descrita en la **ficha E23).**

Con esta técnica, el cliente tiene la posibilidad de transformar o unificar sus costos en unidades temporales.

No obstante, hasta probar esta modalidad, la empresa transportista desconoce generalmente si le beneficiará o perjudicará. Por este motivo, es muy posible que se tengan que hacer ajustes de precios una vez iniciada su aplicación.

Ejemplo

Una empresa cargadora tiene contratado un camión para hacer traslados internos en el turno de la mañana (6:00 a 14:00 h) a razón de 40 €/viaje, durante el que suele hacer siete viajes debido a las esperas entre cada uno de ellos.
Se diseña una operativa sin esperas, con la que poder hacer diez traslados por turno, y se ofrece a la transportista 280 €/jornada (lo mismo que obtiene ahora). Con esta opción, al hacer más viajes, resulta a 28 €/viaje, con un ahorro para la cargadora de 12 €/viaje.

Filosofía

La contratación por unidades temporales da pie a la mejora continua a través de la reducción de tiempos muertos con la mejora de los procesos. No obstante, también se puede incrementar el costo si estos empeoran. Hay que estudiar siempre muy bien todos los factores y comparar qué modo de contratación resulta más beneficioso.

Reducir costos por cambiar a contratación por peso, longitud o volumen

Esta técnica se aplica cuando los precios de transporte están cotizados en unidades temporales (horas, turnos, días, etc.) y se pasan a **cotizar por unidades de peso, longitud o volumen** (kg × m³, u otros conceptos), con la posibilidad de que la empresa cargadora obtenga un costo menor que el que pagaba anteriormente (es una situación inversa a la descrita en la **ficha E22**).

Ejemplo

Una empresa transportista cobra 350 €/día moviendo 240 t diarias a un costo de 1,458 €/t.

La empresa cargadora le propone un precio de 1,35 €/t y la transportista acepta porque calcula que empleando semirremolques más ligeros podrá cargar unas 3 t más por viaje, con lo que obtendrá una mayor rentabilidad.

Ventaja

Este tipo de contratación tiene la ventaja de que promueve optimizar los recursos, frente al inmovilismo o camino cerrado del precio fijo.

Para aplicar esta técnica, es muy importante conocer los diferentes tipos de vehículos o unidades de transporte intermodal (UTI, ver capítulo D), ya que pueden ofrecer la ocasión de mejorar los costos del transporte. No es suficiente dividir el importe del transporte entre las unidades de peso, volumen o longitud de los vehículos o UTI que se estén empleando.

Por ejemplo, si el porte de un camión completo de 93 m³ cuesta 600 €, ello equivale a 6,45 €/m³. En lugar de pedir directamente una rebaja sobre este importe, se puede proponer a la empresa transportista que emplee un camión tipo megatautliner, de 103 m³, manteniendo el mismo precio por viaje. De este modo, el costo resultante será de 5,8 €/m³.

¿Cómo ahorrar costos mediante negociación de €/km?

Esta técnica de ahorro de costos consiste en **cambiar la unidad de facturación que se esté utilizando** (€/viaje, €/horas, €/m³, €/m², etc.) a €/km, siempre que esto suponga un ahorro para la empresa cargadora. Ello implica que anteriormente se debe haber estimado el €/km actual para poder fijar un €/km más bajo.

Ejemplo

Una empresa tiene un precio medio de transporte por provincias. El precio a la provincia A es de 410 €. Sin embargo, se da cuenta de que el 90 % de las entregas se realizan en zonas cercanas a la capital de dicha provincia.

Calcula el precio por kilómetro hasta esta provincia, que es de 1,1 €/km. Seguidamente, investiga cuántos kilómetros hay hasta la capital de la provincia, y descubre que por la distancia podría lograr un precio de 0,8 €/km en las entregas a esta zona, manteniendo el precio de 1,1 €/km para otras localidades más lejanas.

Habla con su proveedor y consigue cambiar de precio por viaje a precio por kilómetro, logrando un ahorro de 0,2 €/km en el 90 % de las entregas al cambiar el modo de tarificación.

Uso

El €/km es un un indicador clave de rendimiento (KPI) muy empleado en logística, por lo que muchas empresas cargadoras traducen los importes y costos a este formato. Al disponer de él se hace más sencillo negociar precios de transporte con las transportistas, sobre la base de que es una medida más justa para ambas partes.

En caso de aceptarse una propuesta a la baja por la empresa transportista, se deben pasar las nuevas tarifas a los departamentos correspondientes y actualizarlas en el sistema de gestión de la empresa cargadora.

¿Cómo se obtiene un ahorro de costos mediante imposición de precio?

Esta técnica consiste en que la empresa contratante determina el precio a pagar con **una oferta o comunicado a sus transportistas.** Suele aplicarse cuando la contratante está en una posición de fuerza o tiene un exceso de ofertas.

En el caso de que la empresa proveedora no acepte la oferta, se deberá iniciar un proceso de negociación o de búsqueda de nuevos proveedores que sí puedan aceptarla.

Ejemplo

Una empresa está pagando 450 $ de flete entre Manzanillo (México) y Houston (Estados Unidos). Anuncia en una bolsa de cargas que está dispuesta a pagar 400 $ y recibe varias confirmaciones de transitarias.

Uso

Esta técnica requiere que la empresa contratante siga los siguientes pasos:

1. Para aplicar esta técnica es aconsejable realizar previamente un estudio sobre su viabilidad. Ello puede hacerse mediante conversaciones con las empresas transportistas proveedoras, con otras interesadas o, incluso, abriendo un periodo para recibir ofertas.
2. Cuando exista un criterio preciso sobre el nuevo precio que se quiere fijar, es aconsejable hablarlo con las empresas proveedoras habituales para informarles de que se va a comunicar una bajada oficial de precios y los motivos de ello.
3. Una vez decidido el precio, se debe comunicar por escrito, indicando la fecha a partir de la cual deberán reflejarse los nuevos precios en las facturas y cambiando los precios en el sistema de gestión corporativa (ERP).

¿Cómo se reduce el costo con una base de datos para urgencias?

En la mayoría de empresas hay un cierto volumen de transporte urgente debido a fallos, averías, problemas, etc. Este tipo de transporte, con frecuencia, se realiza a un precio muy superior al negociado para transportes estandarizados y supone una desviación del objetivo de precios marcado.

Para minimizar este hecho, se puede usar una técnica por la cual se crea una **base de datos de empresas de transporte urgente** recomendado para cada casuística de transporte que se pueda dar. Con esta base de datos actualizada no solo se abaratará el costo, sino que se agilizará el proceso de contratación, algo sumamente importante en este caso.

Ejemplo

Una empresa tiene un precio de 400 €
para portes completos de 24 t entre
su centro de producción y su principal
cliente, si se avisa con 24 h de antelación.
Pero todos los meses tiene unas diez
urgencias de paquetes de 500 kg que
hay que transportar en furgoneta a
razón de 300-400 € el envío.
Realiza una investigación de mercado
y logra dar con unas empresas de
transporte de palés con salidas diarias
que lo harían por unos 50 €.

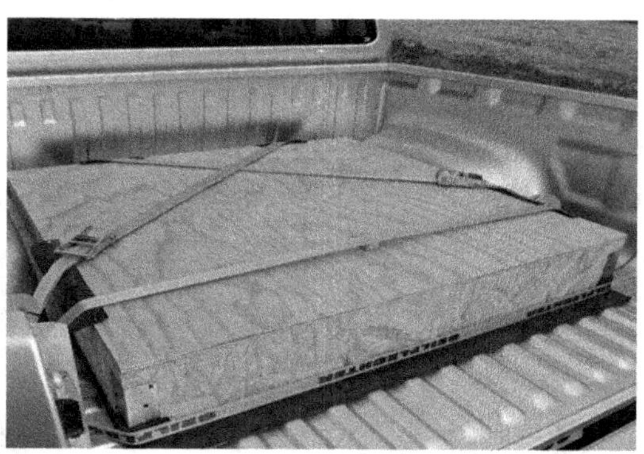

Uso

En la práctica, esta técnica conlleva los siguientes pasos:
1. Definir todas las operativas entre transporte estándar y urgente, desglosando este último en categorías de volumen, peso o urgencia.
2. Buscar opciones para cada tipo de transporte urgente, determinando en cada caso la empresa recomendada, contactos, precios, etc.
3. Reflejar esta información en la base de datos de la empresa, comunicándolo al personal afectado y adaptando el sistema informático a tal fin.

Optimizar costos a través de comparadores de precios de transporte

Los comparadores de precios en línea son utilidades web que permiten contrastar precios de numerosas empresas. Son muy habituales para informarse sobre la contratación de servicios como los seguros, las hipotecas y otros servicios financieros, los vehículos de alquiler, los viajes, etc., y también los hay en el sector del transporte. Se trata de webs especializadas en las que se introducen las características del envío (origen, destino, peso, medidas, etc.) y señalan cuál es **la mejor opción de entre las webs que estén registradas** en el comparador.

Uso

La mayor parte de las webs comparadoras de transporte son gratuitas y basta con registrarse y añadir una forma de pago (que suele ser por anticipado) para poder usarlas. El sistema es muy sencillo:

1. Se selecciona el modo de transporte.
2. Se introducen las medidas y el peso del envío, así como el origen y destino.
3. Se indican los requisitos particulares y se realizan los filtros de que disponga la web. Esta compara y propone un listado de ofertas o bien sugiere una oferta, que se puede contratar a través del comparador, que realiza el pago a la empresa transportista, quedándose una comisión. El seguimiento de los envíos puede hacerse, normalmente, a través del comparador.

Estos son algunos de los comparadores de precios más utilizados para diferentes modos de transporte:

clickline.com
la mejor opción para tus envíos
http://www.clickline.com/

GENEI
Gestión Logística
http://www.genei.es/

http://compararenvios.com/

https://www.infoenvia.com/

mensajería
LOW COST

http://www.mensajerialowcost.com

iContainers

http://www.icontainers.com

TransHunter.com
http://www.transhunter.com

¿Qué técnicas se pueden aplicar para ahorrar costos de transporte por cambio operativo?

Las técnicas de ahorro de costos por cambio operativo son aquellas que consiguen bajar el costo unitario de transporte gracias a una **modificación en el sistema de trabajo empleado.** La siguiente tabla reúne algunos ejemplos significativos:

Técnica posible	Descripción
En puertos o aeropuertos	Rebaja de tasas por convenios y prácticas acordes con lo establecido en las normativas
Alianza con terceros	Dos o más empresas coordinan sus operativas para optimizar sus transportes
Mejora de la capacidad de carga en los vehículos	Se usan vehículos de más capacidad (toneladas o metros cúbicos), aplicando el mismo precio por viaje
Mejora del aprovechamiento	Mejora de la ocupación del almacén reordenando áreas, nuevos embalajes, etc.
Rotación multicliente 16-24 h	Se reorganiza la operativa para operar con un mismo vehículo de dos a tres turnos
Automatización traslados	Se sustituye el uso de camiones por vehículos de guiado automático o AGV (siglas de *automated guided vehicle)*, transportadores, etc.
Conductor de maniobras	Se emplea una tractora y diversos semirremolques para evitar tiempos de espera en las operaciones de carga o descarga
Semirremolques propios	Se emplean semirremolques propios, contratando solo el enganche a las tractoras
Contenedores en depósito	Se dispone de contenedores en depósito para optimizar las cargas
Cajas móviles o semirremolques	El transportista cede cajas móviles o semirremolques durante un tiempo sin costo adicional
Sistemas de reexpedición	Se transporta la mercancía hasta un punto de consolidación y optimización de las salidas
Transporte óptimo	Cuando hay varios pasos antes de la entrega, se analiza el transporte más directo
Sistemas de ruta periódica	Se aplica cuando se recogen o entregan cargas en diversos puntos de una misma ruta con una determinada periodicidad

Técnica posible	Descripción
Carga o descarga rápida	Aplicación de sistemas de carga o descarga rápida que eliminan los tiempos de espera
Eliminar creces previamente	Reducir el volumen a transportar mediante la eliminación previa de creces, volumen, etc.
Entrega en transportista	Se aplica cuando se entrega la mercancía en las instalaciones de la empresa transportista
Organización mix jornada	Se organiza la jornada de un camión, combinando los recorridos: largo y corto u óptimo
Obtención de subvención	Consecución de subvenciones por participación en proyectos, renovación de la flota, etc.
Consecución rebaja fiscal	Obtención de rebajas fiscales por diferentes causas (reducción de emisiones, por ejemplo)
Adecuación al tipo de transporte	Enviar diferentes volúmenes por el canal más apropiado: palés completos, grupaje, carga completa, etc.
Carga inmediata sin hora previa	La empresa cargadora adecúa su operativa para poder cargar en cualquier momento
Empleo de camiones multiuso	Se utilizan camiones con remolque para hacer larga distancia y repartos de corto recorrido
Reutilización de contenedores	Se contrata y coordina el transporte de importación para reutilizar el contenedor con la exportación de mercancías propias
Uso de transporte JIT o JIS	Se reduce el volumen total del transporte por entregar solo lo necesario y a tiempo o en la secuencia requerida
Adecuación transporte a planta	Se mejoran los costos al adaptar el transportista sus horarios a los huecos de carga
Autocarga o autodescarga	Se selecciona un transportista que disponga de medios para carga o descarga propia para evitar ese costo interno

¿Cómo se disminuye un costo mediante reducción de tasas?

La disminución de costos a través de acciones para la reducción de tasas por el uso de infraestructuras de transporte es una técnica que consiste en **modificar la operativa existente para beneficiarse de determinadas bonificaciones,** adecuándola a los requisitos marcados para ello en puertos, aeropuertos u otros centros logísticos. En general, estas infraestructuras operan con unas tasas (a la mercancía, al contenedor, etc.) que fija la Administración pública.

En las regulaciones, se suelen establecer bonificaciones para reducir las tasas con el fin de fomentar el transporte intermodal, fidelizar el volumen de cargas, etc. Conocerlas y aplicarlas es una vía de ahorro para empresas cargadoras y transportistas.

Ejemplo

El puerto de la Bahía de Algeciras tiene unas bonificaciones a la mercancía en contenedor y otros elementos que acceden o salen de la zona de servicio del puerto mediante ferrocarril:

Tasa de muellaje, desde el primer TEU

Bonificación	*Condición*
35 %	Entre 1 y 9.000 TEU
40 %	Más de 9.000 TEU

(*) La tasa de muellaje suele cobrarse por tonelada (varía según el tipo de producto) o por TEU (independientemente del peso).

Uso

Cada país regula sus propias tasas, por lo que es necesario consultar en cada caso. En muchos países existen webs especializadas que permiten conocer todas las tasas y bonificaciones vigentes.

México

España

Ecuador

Perú

Colombia

¿Cómo optimizar el costo de transporte mediante sinergias con terceros?

La alianza operativa con terceros es una técnica de ahorro de costos que consiste en definir y **coordinar una operativa de transporte entre dos o más empresas,** con el objetivo de minimizar los costos totales del proceso, obteniendo con ello una mejora para las organizaciones participantes.

No se trata de una técnica para agrupar volumen de compra **(ficha E5).** En este caso dos o más empresas modifican su forma de trabajo habitual para poder lograr juntas un ahorro, en lo que se llama también «búsqueda de sinergias».

Ejemplo

Una fábrica de neumáticos en un país A se coordina con el departamento de logística de una de automóviles en un país B para que los mismos camiones que van desde el país A al B puedan retornar cargados con motores para las instalaciones que la fabricante de automóviles también posee en el país A, con una rebaja de un 10 % en cada trayecto. Esto exige una coordinación de horarios de carga y descarga.

Uso

Este tipo de alianzas proviene generalmente de la buena relación entre varias empresas, motivada por formar parte de un mismo clúster, pertenecer a una misma asociación o grupo empresarial, etc. El proceso que se debe seguir es el siguiente:

1. Tras intuir que puede haber sinergias entre dos o más empresas, conviene mantener una o varias reuniones, que pueden incluso derivar en grupos de trabajo, donde se definan las operativas en las que pueden concretarse las sinergias.
2. Una vez definido el margen de mejora alcanzable, se deben establecer conversaciones con las empresas proveedoras de transporte actuales u otras, para corroborar que el cambio operativo se podría traducir en el beneficio esperado.
3. Finalmente, se debe establecer un plan de acción para modificar las operativas y renegociar el acuerdo de transporte para incorporar la nueva operativa y los nuevos precios.

Optimizar costos aumentando la capacidad de carga en los vehículos

La mejora de la capacidad de carga de los vehículos y las UTI (véase la unidad didáctica D) es una técnica de ahorro de costos que se basa en **aumentar el peso, el volumen o la longitud útil del vehículo contratado** por la empresa cargadora, manteniendo el precio por viaje o con poca variación, de tal modo que la repercusión por unidad (kg, m³, m, etc.) sea reducida para la empresa transportista.

En tráficos como las bobinas de acero, la maquinaria, los bloques de mineral, etc., es vital optimizar el peso, mientras que en otros como el calzado, los juguetes o la ropa, una mejora del volumen útil puede suponer un ahorro significativo.

Ejemplo

Una empresa minera paga 520 € por un trayecto periódico, pero ve que su promedio de carga es muy bajo, unas 17,5 t/camión, porque muchos camiones solo llevan un bloque de mineral. El precio por tonelada transportada es de 29,7 €/t. Negocia con su transportista para utilizar camiones de 27,5 t de carga útil a 550 €/viaje. Ahora carga dos bloques (promedio de 24,3 t) a 22,63 €/t.

Uso

En primer lugar, es aconsejable disponer de la información que brinda la utilización de los KPI, donde es habitual emplear conceptos como €/t, €/m³, €/m² o €/m. A partir de aquí, se deben seguir estos pasos:

1. Analizar cuáles son los vehículos o UTI más grandes que podrían utilizarse y qué costo resultaría si se empleara ese tipo de unidades en lugar de las actuales.
2. Dialogar con las actuales empresas proveedoras, o con otras potenciales, para ver qué predisposición existe de llegar a un acuerdo de renovación de la flota o de subcontratar vehículos de mayor dimensión.
3. Valorar cuál es la mejor oferta conseguida y formalizar el acuerdo con la empresa transportista.
4. Una vez formalizado el acuerdo, comunicar el plan de implementación a los departamentos involucrados, con los plazos y nuevos precios, e introducir los nuevos artículos de compra y tarifas en el sistema de gestión de la empresa.

¿Qué técnicas de mejora de aprovechamiento aplicar para ahorrar costos?

La mayoría de empresas cargadoras tiene un bajo aprovechamiento de los vehículos en uso, por diferentes motivos: por la estrategia de aprovisionamiento o porque los pedidos de venta no llenan los medios de transporte, entre otros.

Las técnicas de mejora del aprovechamiento son un conjunto de prácticas y políticas que hacen que se puedan **llenar más los vehículos o las UTI contratados,** sin aumento de precio por la empresa transportista, lo que supone una mejora del costo de la unidad transportada.

Uso

Para aplicar esta técnica se deben seguir los siguientes pasos:

1. Determinar cuál sería el máximo aprovechamiento de los vehículos o las UTI utilizadas y qué porcentaje de ocupación existe actualmente, fijando un objetivo de mejora.
2. Elegir una o varias técnicas de optimización para alcanzar el objetivo fijado. Veamos algunos ejemplos de este tipo de técnicas.

Técnica 1. Uso del embalaje idóneo

Dividir las dimensiones del interior de la zona de carga de la unidad de transporte, esto es ancho, largo y alto, entre 1,2,3, etc. A continuación, elegir una dimensión y la de la unidad por la que se ha dividido. Lo obtenido serán las unidades y medidas que debe tener el embalaje que puede optimizar el volumen. Veámoslo con un ejemplo. Tomando un semirremolque de 13,65 m de largo, 2,5 m de ancho y 2,9 m de alto, de la operación comentada resultaría:

Medida / unidad		1	2	3	4	5	6	7	8	9	10	11	12	13
Largo	13,7	13,7	6,8	4,6	3,4	2,7	2,3	2	1,7	1,5	1,4	1,2	1,1	1,1
Ancho	2,5	2,5	1,2	0,8	0,6	0,5	0,4	0,4	0,3	0,3	0,2	0,2	0,2	0,2
Alto	2,9	2,9	1,5	1	0,7	0,6	0,5	0,4	0,4	0,3	0,3	0,3	0,2	0,2

Finalmente, se debe elegir uno de los resultados obtenidos para cada dimensión. En el ejemplo, se eligen embalajes de 1,4 m de largo × 0,8 m de ancho × 0,5 m de alto, a razón de 10 unidades a lo largo, 3 unidades a lo ancho y 6 unidades a lo alto. Con ello se obtendría el 100 % de ocupación de la unidad de carga.

Técnica 2. Búsqueda de cargas compatibles

Si se trata de cargas en la que la empresa cargadora no contrata todo el vehículo (grupaje, paletería, etc.), una de las posibilidades de optimización es establecer políticas de venta o compra que fomenten la compatibilización de cargas. Por ejemplo, la de una empresa de electrodos (palés muy bajos y pesados) que se alía con una fabricante de patatas fritas (palés altos y ligeros que pueden ir encima de los electrodos).

¿Cómo reducir el costo mediante rotación multicliente 16-24 h?

La técnica de reducción de costos de transporte por ciclo de 16-24 h se consigue cuando es la empresa contratante la que, cambiando su operativa, ofrece a una empresa de transporte **realizar, con un solo vehículo, actividades que ocuparán 16 o 24 h** a cambio de una rebaja en los costos que tiene actualmente.

El ciclo de 16-24 h en transporte se alcanza cuando se logra que el mismo vehículo esté activo durante 16 o 24 h en dos o tres turnos de 8 h, mediante cambio de conductor. De este modo:

- Los costos fijos permanecen pero la facturación global aumenta, por lo que la rentabilidad es mayor para la empresa de transporte.
- Se requiere una o dos veces menos inversión que realizando las diferentes operativas dedicando un vehículo distinto para cada una.

Ejemplo

Una empresa reorganiza sus actividades de transporte de tal modo que, con un mismo camión, puedan hacerse las siguientes actividades:
- De 6:00 a 14:00 h, realizar entregas locales en un radio de 100 km.
- De 14:00 a 22:00 h, carga y entrega de contenedores en un puerto cercano.
- De 22:00 a 06:00 h, envío de carga diaria de reaprovisionamiento a una delegación situada a tres horas de recorrido y viaje de vuelta con suministros diarios desde dicha delegación.

Uso

Esta técnica requiere desarrollar el siguiente proceso:

- Analizar las operativas que puedan realizarse con el mismo tipo de vehículos.
- Valorar si se puede extender o cambiar el horario de entregas o recogidas a lo largo de 16-24 h, saturando completamente cada turno.
- En caso de ser viable, se debe contratar esta operativa con un vehículo y dos o tres conductores. El factor clave suele centrarse en conseguir una actividad razonable entre las 20:00 y las 6:00 h.

¿Cómo ahorrar costos automatizando los traslados internos?

En las pequeñas empresas los traslados internos se realizan principalmente mediante carretillas elevadoras u otros elementos de manutención. En las empresas grandes, en cambio, las distancias acostumbran a ser mayores y muchas veces se contratan camiones para realizar estos traslados dentro de las instalaciones. Una técnica alternativa son los **sistemas de traslado automático o semiautomático de mercancías,** que puede suponer un ahorro respecto a los camiones.

Ejemplo

Una empresa fabricante de yates tiene varias naves en las que se ejecutan diferentes fases de la producción. Emplea camiones para los traslados a razón de 100 €/traslado y se realizan cuatro traslados por día.

Tras un estudio, valora que si emplease un vehículo de guiado automático únicamente pagaría 840 € al mes de alquiler, más unos 60 € de electricidad. Con ello se obtendría un ahorro de 7.100 €/mes (4 viajes × 20 días × 100 € = 8.000 €) – (840 € + 60 € electricidad).

Uso

Existen diversos sistemas de automatización de los traslados internos, siempre y cuando se hagan dentro de un recinto privado:

- **AGV** *(automated guided vehicle)* y **LGV** *(laser guided vehicle)* **(ficha B16).** Se trata de vehículos de guiado automático mediante diversos sistemas y tecnologías. La cuota de alquiler o de arrendamiento financiero permite que alcancen con rapidez el umbral de rentabilidad.
- **Automatismos.** Hay diversos sistemas de traslado desde un punto a otro, que son accionados por una persona y tienen un recorrido único de ida y vuelta. Un ejemplo son los carruseles aéreos, los circuitos neumáticos, las bandas, transportadoras o las vagonetas semiautomáticas.
- **Vehículos automáticos sin conductor** *(driverless)* **(ficha B16).** Si bien están en una fase incipiente de desarrollo, hay diversos tipos de vehículos de esta modalidad (camiones o transbordadores) con buenos resultados, que circulan en circuitos privados.

¿Cómo ahorrar costos empleando conductores de maniobras?

Un conductor de maniobras, de patio o de traslados, es aquel profesional que engancha semirremolques o remolques y los mueve a muelles o zonas de carga o descarga internas (propias) o externas (del cliente o proveedor). Mediante esta técnica **los vehículos de larga o media distancia desenganchan sus semirremolques en las bases y enganchan otros cargados.** Los trabajos de carga y descarga son realizados por el conductor de maniobras.

Ejemplo

Varias empresas de un mismo centro industrial trabajan con una misma transportista. Esta observa que existen largas esperas entre uno y otro servicio, por lo que convoca una reunión en la que les propone trabajar con un conductor, una tractora y cinco semirremolques. El conductor recogería semirremolques cargados o vacíos y los iría moviendo hasta una plataforma en la que otros conductores dejarían o recogerían los semirremolques. Gracias a esta operativa ahorrarían un 8 % por eliminación de tiempos de espera.

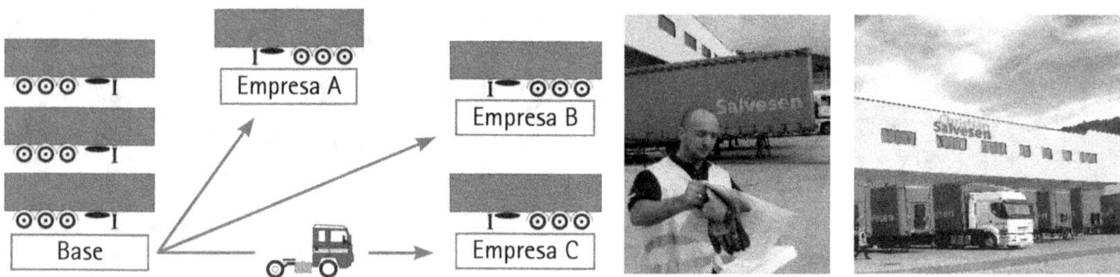

Uso

Para crear un sistema con conductor de maniobras hay que tener un flujo de semirremolques o remolques estable. Si se da esta condición hay que:

1. Calcular el tiempo medio por operación completa (enganche, desenganche, trayecto, otras actividades) y valorar cuántos movimientos puede hacer un conductor de maniobras.
2. De acuerdo con ello, la empresa de transporte calculará:

$$\frac{(\text{Ventas actuales} - \text{Ventas nuevo sistema})}{(\text{Costo total actual} - \text{Costos nueva operativa})} \quad \text{Resultado económico}$$

3. Según el resultado, la empresa transportista valorará qué precio puede ofrecer por este cambio operativo.

¿Cómo ahorrar costos utilizando semirremolques o UTI propios?

Esta técnica se basa en obtener un costo de transporte menor que el actual alquilando o comprando unidades de transporte intermodal (UTI) o semirremolques propios y **subcontratando a la empresa transportista el arrastre de los mismos con una cabeza tractora,** lo que también se denomina «trabajar al enganche».

Uso

Para aplicar esta técnica, la empresa cargadora debe seguir el siguiente proceso:

1. Analizar qué tipo de semirremolque o UTI es más adecuado para la función prevista y solicitar diversos presupuestos de compra, alquiler o arrendamiento financiero.
2. Calcular el total de operaciones posibles, definir las posibles operativas y elegir las que mejor se adapten al objetivo.
3. Calcular el costo de mantenimiento para un periodo, un mes por ejemplo, y añadirlo al costo anterior, si no está ya incluido.
4. Dividir ese costo total entre las unidades de cotización previstas (km, m^3, kg, etc.).
5. Una vez que se dispone de un costo por unidad de cotización, se debe negociar con la empresa transportista un descuento, por ejemplo un porcentaje por €/km, por aportar la empresa cargadora el semirremolque o la UTI.

Ventajas

Al elegir el tipo de UTI o semirremolque, la empresa cargadora puede encargarlo con las máximas capacidades. De este modo, la viabilidad de un transporte ya no depende de si la transportista dispone de equipo adecuado para las cargas, si estas lo precisan, y se puede trabajar con transportistas que no pueden permitirse renovar la flota de vehículos y están dispuestas a trabajar con precios más ajustados. Adicionalmente, es posible personalizar las unidades de transporte con una imagen corporativa propia.

¿Cómo ahorrar costos utilizando contenedores en depósito?

La expresión «tener un contenedor en depósito» hace referencia a la operación por la cual una operadora de transporte (naviera, transitaria, etc.), propietaria del contenedor, posiciona dicha unidad de transporte en un lugar convenido con una empresa cargadora, para que esta pueda **realizar el llenado del contenedor del modo o en el tiempo que le convenga,** sin tener que esperar a la presentación física del vehículo que ha de transportarlo.

Ejemplo

Una empresa que exporta piezas usadas de vehículos solicita a una naviera que deposite en sus instalaciones veinte contenedores para ir cargándolos durante el día anterior a su expedición, sin tener que esperar a que lleguen los vehículos de transporte. La naviera realiza dicho depósito con cargo a la empresa solicitante.

Con ello, la empresa exportadora ahorra un 40 % del costo de mano de obra, reorganizando sus turnos de trabajo y optimizando tiempos. Al llegar a cargar los contenedores, los vehículos dejan contenedores vacíos para repetir la operación cuantas veces se precise

Ventajas

- La empresa cargadora puede ir preparando las cargas sin mover varias veces la mercancía, planificando su trabajo de carga, estiba, etc.
- Mayor seguridad de que se dispondrá de los contenedores necesarios para la expedición. En ciertos momentos del mes, con frecuencia los contenedores se agotan y no se puede cargar por «falta de equipo».
- La ergonomía en las operaciones de carga. A numerosas empresas les resulta más conveniente cargar el contenedor desde el suelo que sobre un camión, por ejemplo
- La empresa cargadora puede subastar el retorno, ya que la empresa de transporte no tendrá que ir hasta puerto a por el contenedor.

¿Cómo ahorrar costos mediante circuitos técnicos?

Un circuito técnico es aquel en el que **un trayecto se divide en varios tramos, que realizan varios vehículos.** Cada vehículo toma el semirremolque o la UTI en un punto y lo deja en otro. Suelen ser circuitos regulares con un horario fijo.

Ejemplo

Una empresa de transportes tiene un circuito técnico desde Valladolid hasta París. Para lo cual ha establecido los siguientes tramos:

1. Valladolid – Vitoria.
2. Vitoria – Burdeos.
3. Burdeos – Tours.
4. Tours – París.

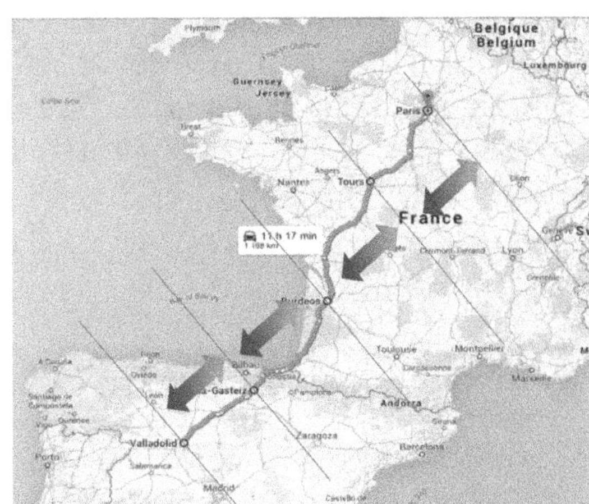

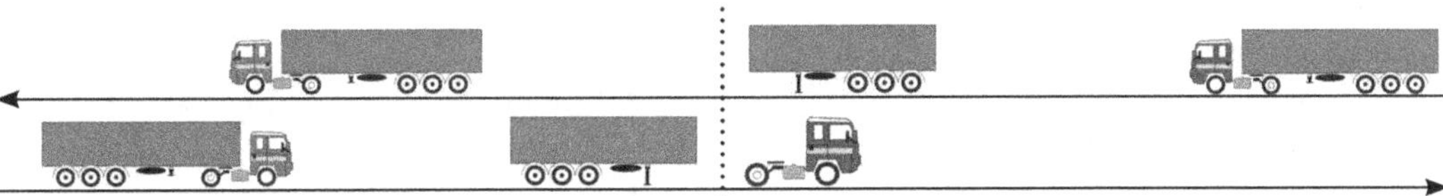

Uso

Para aplicar esta técnica, la empresa transportista debe seguir el siguiente proceso:

1. Analizar los flujos de ida y vuelta regulares para valorar en qué vías debe realizarse el circuito técnico.
2. Calcular el kilometraje que puede hacer un conductor (ida + vuelta + descansos) en ocho horas.
3. Establecer un punto en la mitad de ese kilometraje para realizar el intercambio.
4. Establecer un horario para el intercambio en función de las recogidas y entregas.
5. Fijar condiciones con proveedores y clientes.

Ventajas

Los conductores solo trabajan durante ocho horas, saliendo de su casa y volviendo a la misma, de modo similar a una jornada en una fábrica. De ello resulta:

- Mínimo costo en dietas.
- Salarios más reducidos, por comodidad de horarios.
- Fiabilidad; costos e ingresos previsibles.
- Mayor rapidez de entrega (el vehículo viaja sin casi descansos).
- Mayor volumen de facturación mensual por vehículo.
- Reducción significativa de los tiempos muertos.

¿Cómo ahorrar costos utilizando plataformas de reexpedición?

Una plataforma de reexpedición de mercancías o *cross dock* es un tipo de almacén donde entre la recepción y la expedición de mercancías se realizan actividades de optimización del proceso entre ambos sucesos, como la clasificación de productos o cargas, el etiquetaje, la preparación de pedidos, etc.

El ahorro de costos por el uso de plataformas de reexpedición es una técnica que se basa en la **realización de trabajos de optimización logística en un determinado punto de la cadena de transporte,** para que el total de costos de transporte se puedan minimizar, frente a las entregas directas.

Ejemplo

Una cadena de supermercados compra muchos productos en una determinada zona, para entregarlos en varios centros situados a más de 1.000 km. Hasta ahora emplean camiones pequeños a un costo elevado. Tras realizar un estudio, se decide instalar una plataforma logística a mitad de camino, en donde se concentrará toda la mercancía, se prepararán y etiquetarán los pedidos, y partirán hacia cada destino, ocupando el 100 % del camión y con un ahorro de un 13 %.

Ventajas

- Se puede reducir el número de vehículos necesarios a partir del punto de reexpedición por optimización.
- Se pueden preparar pedidos, hacer etiquetados y otros procesos en ese punto.
- Permite regular tiempos y organizar entregas.
- Se pueden combinar operativas que por sus características (horarios, tipo de vehículos, etc.) serían incompatibles de otra manera.

Uso

Una plataforma de reexpedición puede resultar idónea a partir de:

1. Un análisis de rutas de recogida y entrega.
2. Comparar los costos de transporte actual y los que tendría la operativa de la plataforma (costos de estructura más el transporte de recogida y entrega).

¿Cómo ahorrar costos mediante la selección del transporte óptimo?

Se puede considerar transporte óptimo a aquel canal o programación de transporte que permite **la ruta y selección del costo más reducido entre todas las posibles.** Este tipo de análisis es aplicable, principalmente, a los tráficos cortos con muchas paradas o a aquellos de distancia media o larga que pueden hacerse a través de diversos canales de transporte.

Ejemplo

Una empresa tiene que llevar cinco palés desde Cádiz hasta Londres, para lo que considera las siguientes opciones:

1. Cargarlo en un contenedor y hacer un envío de grupaje (contenedor LCL), con un plazo de entrega (PE) de ocho días. Precio: 784 €.
2. Cargarlo por paletería, con un PE de tres días. Precio: 1.095 €.
3. Cargarlo en un grupaje, con un PE de tres días. Precio: 690 €.
4. Transportarlo en tren hasta Bilbao y de ahí hacerlo en un grupaje, con un PE de seis días. Precio: 760 €.
5. Enviar los palés, uno a uno, por paquetería, con un PE de tres días. Precio: 148 €.
6. En este caso, el envío más barato sería el del grupaje por carretera (opción 3).

Uso

En el cálculo del transporte óptimo se deben tener en cuenta factores económicos y cualitativos:

1. Seleccionar el canal que más se ajuste al peso que se ha de enviar **(ficha D17).**
2. Analizar factores cualitativos, como el plazo de entrega, la fiabilidad, la seguridad, etc.
3. Elegir la opción que, cumpliendo con las premisas cualitativas, tenga un costo menor.

¿Qué es una ruta periódica y cómo ahorrar costos con su uso?

Se denomina ruta periódica o *milk run* (ruta del lechero) a la técnica por la cual **un mismo vehículo realiza una serie de recogidas o entregas** por tres o más puntos (almacenes, puntos de venta, etc.), hasta completar la carga o descarga total del vehículo. Es la técnica opuesta a la recogida y entrega directa.

Ejemplo

Una empresa tiene cuatro almacenes distribuidos por un territorio, con distancias encadenadas de entre 150 a 500 km. Suele enviar cargas de 6 a 10 t, que pueden recorrer hasta 1.200 km entre los almacenes más distantes y que transporta contratando espacio en camiones de grupaje desde cada origen. Se plantea hacer una ruta semanal, para lo cual los almacenes deben coordinarse en los días y en el volumen o peso que aportará cada uno para llenar el camión. Tras planificarlo, acuerdan con un transportista que cargará en un almacén más extremo y luego realizará una ruta con parada de carga y descarga hasta completar el recorrido, por lo que cobrará un viaje de 1.200 km, más dos recogidas y 1 €/km de desvío adicional. Resultado: un 27 % menos de costo.

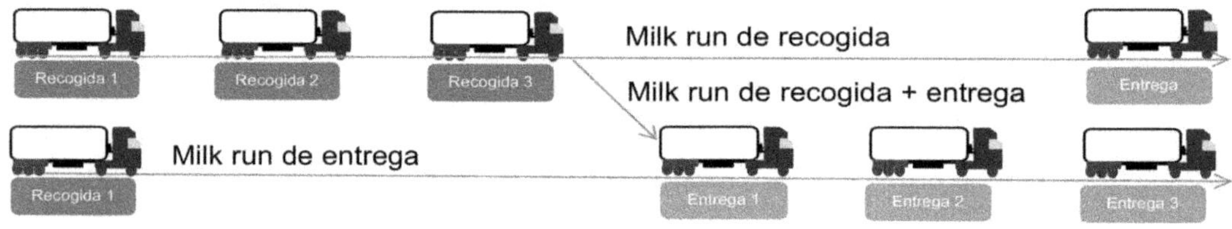

Uso

Hay dos variantes en las técnicas de ruta periódica:

1. **Coordinación interna de los puntos de carga.** Se aplica cuando la empresa cargadora completa el 100 % del camión. Hay que designar a un equipo logístico (responsables de operaciones, tráficos, aprovisionamientos, etc.) que debe ir completando camiones de manera coordinada. Para tener una visión común puede usarse un sistema de gestión corporativa (ERP). Cuando se llena un camión, el ultimo punto en completarlo tramita la orden de carga.
2. **Coordinación externa para completar.** Se aplica cuando una sola empresa cargadora no tiene carga suficiente para llenar un camión y se coordina con la transportista u otras empresas para completarlo. En esta modalidad, las cargadoras van pasando información a la transportista, que también busca cargas en el mercado e indica cuándo hay suficiente mercancía.

¿Cómo ahorrar costos mediante sistemas de carga o descarga rápida?

La optimización de costos mediante sistemas automáticos, semiautomáticos o manuales de carga o descarga rápida persigue **disminuir al máximo los tiempos en parada y aumentar los de circulación** y con ello la facturación de la empresa transportista. Al facturar más, esta puede aceptar un acuerdo para bajar los precios si existen garantías de mantener unos tiempos muertos reducidos por parte de la empresa cargadora.

Ejemplo

- Una empresa cementera tiene que cargar una media de 45 camiones al día con palés de sacos de cemento para el reparto en la región.
- La carga de cada camión supone una media de 37 minutos, con una dedicación de cinco carretilleros y cinco carretillas. Además, los conductores suelen quejarse de las colas y de que muchas veces pierden todo el día por la hora en la que les toca cargar.
- Tras estudiar el problema, se decide instalar un sistema de plataforma semiautomática que es empujada por una carretilla y que permite cargar los camiones en tan solo cuatro movimientos. El tiempo resultante es de tan solo ocho minutos por camión.
- Aunque con solo un carretillero sería suficiente, se dedican dos a media jornada, de manera que todos los camiones están listos entre 6:00 y 9:00 h. Se renegocian precios y se reduce el precio de los portes y los costos de personal en un 7 %.

Uso

Existen diversos sistemas de carga o descarga rápida:

- **Manuales.** Se trata de plataformas, tanquetas o patines que son empujados manualmente por una o varias personas, o por una carretilla u otro tipo de vehículo.

- **Semiautomáticos.** Incluyen un motor o sistema propio (hidráulico, neumático, etc.), pero exigen el manejo o conducción del mismo por una o varias personas.
- **Automáticos.** Incluyen motor y pueden funcionar de manera totalmente automática (accionándose al detectar la correcta posición del vehículo que se ha de cargar o descargar) o simplemente por pulsar un botón. Pueden ser plataformas autocargantes, robots, lanzaderas, etc. **(ficha B14).**

¿Cómo ahorrar costos al eliminar creces?

Las creces son aquellos **elementos sobrantes o que pueden reducirse o eliminarse** para que pueda transportarse menos peso, longitud o volumen. Al bulto con creces también se le denomina «en bruto» y al bulto sin creces «neto». Quitar o reducir las creces previamente en origen es una técnica de optimización de costos que se aplica cuando este proceso más el transporte es más económico que el transporte y la eliminación o reducción de creces en destino.

Ejemplo

Un fabricante de vinos compra troncos de roble francés y los transporta hasta su bodega a un precio de 775 € por camión (25 t y 27 m^3).
Una vez cortados los troncos en tablas a la medida de los toneles, comprueba que resulta un costo de 395 €/m^3.
Analiza la posibilidad de cortar las tablas en origen y, aunque el costo del corte es algo mayor, compensa el de transporte, ya que solo se trae material terminado, con lo que el costo final es de 389 €/m^3.

Uso

Existen numerosas maneras de reducir creces, pero no siempre resultan rentables. Para analizarlas se debe aplicar siempre la fórmula del costo total:

costo unidad final transportada con creces – costo unidad final transportada sin creces.

Un aspecto importante que se ha de tener en cuenta es que nunca hay que comparar unidades transportadas con creces contra unidades transportadas sin creces. Siempre se pasará todo a este último concepto.
Algunos de los procesos de eliminación de creces que pueden hacerse antes del transporte son: corte, vaciado, pulido, depuración, preensamblaje, envasado al vacío, selección, clasificación, tratamiento químico, etc.

¿Cómo ahorrar costos estableciendo la entrega o recogida en el transportista?

Esta técnica consiste en sustituir **las instalaciones del cliente o de la empresa cargadora como puntos de recogida o entrega de mercancías por otros que determine la empresa transportista.** Se suele usar en paquetería, paletería o grupaje y, en la práctica, supone la eliminación del trayecto de recogida o entrega entre la base de la empresa transportista y la dirección del cliente o las instalaciones de la empresa cargadora, que pasa a realizarse normalmente con medios de estas últimas.

Ejemplo

Una empresa realiza unos diez envíos diarios de paquetería, cinco envíos de paletería, tres de grupaje y treinta sobres de correspondencia. Tras estudiar sus tarifas y la localización de las empresas de transporte con las que opera, concluye que si contratase un camión que recogiese todo a mediodía y lo entregase en estos puntos ahorraría casi un 8 % de costos con respecto a su situación actual.

En el transporte refrigerado, esta técnica aporta buenos resultados y permite un mejor control de la cadena de frío y de los tiempos de tráfico. En el transporte de pescado, por ejemplo, es muy importante llegar lo antes posible a los puntos de venta.

La recogida en puntos de entrega concertados es muy habitual en el comercio electrónico. Para ello, las empresas de transporte establecen acuerdos con comercios situados en puntos estratégicos de las ciudades.

Uso

El costo de un envío parcial se divide en estos tramos:

costo de recogida
+ tramo transporte interno
+ costo de entrega

En esta técnica se deben sumar todos los costos de recogida que cobra la empresa transportista y compararlos con los costos de entrega por cuenta propia. En la práctica, se suelen aprovechar los vehículos de reparto para cargar mercancías propias de mensajería, paquetería, paletería o grupaje para entregar o recoger en diversas bases de empresas de transporte. Este procedimiento suele resultar más económico que la recogida efectuada por las transportistas.

¿Cómo ahorrar costos adecuando la organización del *mix* en la jornada?

Se denomina *mix* al conjunto de **servicios diferentes que un vehículo puede hacer durante un periodo de tiempo** (identificando cada uno en términos de porcentaje). Por ejemplo, un vehículo puede hacer un *mix* de un 20 % de traslados internos, un 50 % de portes de distancia media y un 30 % de traslados de contenedor hasta el puerto.

Ejemplo

Veamos un ejemplo de *mix* frente a una especialización:

Vehículo especializado	Tipo de servicio	Precio viaje	Viajes/día	Facturación mes	km/viaje	km/día	€/km	Beneficio mes
Camión 1	Traslados entre naves	30 €	7	4.200 €	1,5	10,5	18,20 €	714 €
Camión 2	Repartos locales	110 €	4	8.800 €	30	120	3,70 €	1.496 €
Camión 3	Entregas distancia media	475 €	1,5	14.250 €	475	712,5	1 €	1.852,50 €

Vehículo mix	Tipo de servicio	Precio viaje	Viajes/día	Facturación mes	km/viaje	km/día	€/km	Beneficio mes
Camión 4	Traslados entre naves	30 €	3	1.800 €	1,5	4,5	18,20 €	
	Repartos locales	110	2	4.400 €	30	60	3,70 €	2.669 €
	Entregas distancia media	475 €	1	9.500 €	475	475	1 €	
	Mix	205 €	6	15.700 €	506,50 €	539,50 €	1,46 €	

Uso

Para aplicar esta técnica se pueden emplear hojas de cálculo o simuladores, con las que comparar los distintos escenarios reales que podemos usar, como se puede ver en el ejemplo. En los vehículos multiservicio, es muy importante trazar un mix adecuado, para subir el rendimiento por km/hora. En general, las distancias cortas tienen un precio muy elevado por kilómetro, pero conllevan más tiempos muertos y una menor facturación diaria.
Por el contrario, las distancias largas, tienen un precio más bajo por kilómetro, pero un mayor volumen de facturación y menos tiempos muertos.

¿Cómo ahorrar costos mediante la consecución de subvenciones?

Aunque existen muchos tipos diferentes de subvenciones (local, nacional o regional, por ejemplo), la mayoría de empresas no acceden a ellas y se limitan a buscar en el mercado el mejor precio. Esta técnica consiste en analizar qué **tipos de subvenciones es viable alcanzar, los requisitos que se necesitan y planificar y ejecutar un plan,** entre la empresa cargadora y la empresa o empresas de transporte para poder alcanzarlas.

Ejemplo

Una empresa de transporte desea renovar su flota de vehículos porque se ha quedado anticuada y tiene unos costos de mantenimiento elevados. Si pudiese tener ciertas garantías de estabilidad, podría optar a conseguir unas subvenciones del Plan PIMA, por el que el Gobierno de su país asumiría parte del costo de la renovación.

Por su parte, una empresa mayorista de fruta se ha enterado de que su asociación gremial ha conseguido un acuerdo con el gobierno regional por el que pueden alcanzar subvenciones de unos 2.000 €/año por vehículo si llegan a acuerdos con empresas de transporte por al menos tres años de contrato, para que estas puedan hacerse con vehículos menos contaminantes. De este modo la mayorista y la transportista llegan a un acuerdo que beneficia a ambas partes.

Uso

Hay varias formas de analizarlo:

1. La más efectiva es dirigirse a consultoras locales especializadas en subvenciones, que asesorarán sobre las ayudas viables y los pasos que hay que dar para conseguirlas.
2. Otra opción es dirigirse a las empresas de transporte y sus asociaciones gremiales, quienes suelen estar informadas de posibles subvenciones.
3. Otra alternativa es buscar en internet por cuenta propia, pero los plazos y las posibilidades que aparecen son muy diversas.

¿Cómo ahorrar costos mediante rebaja fiscal?

Esta técnica consiste en trabajar con los departamentos financieros, o con consultoras especializadas, para analizar y determinar **cambios operativos que podrían conducir a deducciones de impuestos u otro tipo de deducciones fiscales,** estableciendo acciones concretas para alcanzarlas.

Ejemplo

Una empresa fabrica contenedores metálicos. El recubrimiento de los contenedores se realiza en una empresa de pintura situada a 27 km. Cada porte supone un problema por el tiempo que se dedica al trincaje, por ser piezas sueltas. El departamento fiscal consigue saber que si realizan un proyecto de I+D+I, parte de los costos de desarrollo, personal empleado para el proyecto, etc., podría deducirse fiscalmente. Tras unos meses, consiguen diseñar un sistema de bloqueos rápidos con un ahorro en costos de transporte por eliminación de tiempos de carga y descarga, así como una deducción fiscal por el proyecto.

Uso

Analizar las posibilidades fiscales (subvenciones, deducciones, incentivos, etc.) debe hacerse por departamentos o consultoras especializadas. Es recomendable dar los siguientes pasos para estudiarlo:

1. Reunirse con los especialistas para ver qué tipo de posibles ventajas fiscales pueden alcanzarse por la ejecución de actividades de transporte de mercancías.
2. Analizar las distintas opciones, cuantificando la inversión económica y de medios necesaria para alcanzarla.
3. Analizar el costo total actual y el costo total futuro, incluyendo las ventajas fiscales obtenidas, para determinar cuál de las dos opciones es mejor.

¿Cómo ahorrar costos por adecuar el producto a la tipología de transporte?

En muchas empresas, primero se desarrolla el producto y su embalaje y luego se busca el transporte. Ello ocasiona no pocos problemas, como cuando se trata de enviar europalés (1,2 × 0,8 m) en contenedores marítimos que tienen unas medidas interiores (2,34 × 5,9 m, un contenedor de 20', por ejemplo) que no encajan bien con este tipo de palés, con lo que se pierde un importante espacio.

Esta técnica consiste en **analizar las dimensiones de los vehículos empleados en cada canal de transporte y diseñar los productos y sus embalajes óptimos** (envases, cajas, palés, etc.) para alcanzar la máxima ocupación posible y, por tanto, un menor costo por unidad transportada

Ejemplo

Una compañía fabricante de azulejos envía muchos pedidos a clientes particulares con un formato de azulejo de 30 × 3 cm. Esto supone emplear palés de 0,93 × 0,93 m en vehículos de 2,1 m de ancho × 4,5 m de largo. El resultado es que siempre sobra sitio. El departamento de logística habla con los departamentos de ventas y de diseño de productos y lanzan un formato de azulejo de 35 × 35 cm que permite un palé de 1,05 × 1,05 m. Al usarlo, reducen sus costos de transporte.

Uso

En la **ficha E32** se analiza cómo identificar los embalajes óptimos para cada tipo de vehículo o UTI. Sin embargo, en este caso se trata de armonizar el diseño del producto, el envase y el embalaje, para adecuarlos al vehículo predominante en cada tipología de transporte. Para aplicarlo, los departamentos de logística y de diseño de productos deberán trabajar juntos para desarrollar:

1. Un sistema de embalaje estandarizado (jaula, palé, etc.) que puedan optimizar la ocupación y los costos de transporte.
2. Un sistema de envasado (lata, botella, caja, etc.) que se adapte a los diferentes tipos de embalaje.
3. Un diseño de producto que se adapte a este tipo de envases y embalajes, de forma unitaria o sin ensamblar y por partes.

¿Cómo ahorrar costos mediante carga inmediata sin hora previa?

Es frecuente que haya transportistas que han de descargar en unas empresas antes de cargar en otras, pero no saben cuándo podrán hacerlo. Para estas últimas empresas, **disponer de sistemas de carga inmediata puede ser una enorme ventaja,** pues facilitan la operativa de las empresas de transporte.

Optimizar los costos mediante la oferta de carga inmediata supone desarrollar medios internos de carga que eviten cualquier tipo de cola o espera, y permitan realizar la carga antes de 15 minutos desde la presentación del vehículo de transporte.

Ejemplo

Una empresa de muebles tiene sus instalaciones frente a una gran fundición. Las colas en dicho lugar son enormes y eso hace que los transportistas no sepan si van a poder cargar o no hasta que se va acercando su turno.

Conscientes de ello, la empresa de muebles decide contactar con varias de estas empresas de transporte y les ofrece unos precios bastante ajustados **(ficha E25)** a cambio de cargarles en cuanto terminen su descarga en la fundición, con el compromiso de hacerlo antes de 15 minutos desde la presentación.

Uso

Cargar inmediatamente exige una preparación operativa adecuada:

1. Analizar cuál es la capacidad máxima de carga por hora, para no aceptar más que ese tope de cargas en esa franja.
2. Estudiar cómo aumentar esta capacidad:
   - Estableciendo medios humanos y materiales flexibles, que puedan asignarse rápidamente a esta actividad.
   - Preparando previamente las cargas para reducir los tiempos del proceso.
   - Automatizando las operaciones de carga (ficha E42).
3. Por último, calcular el nuevo límite y tratar de negociar un flete entre un 5 y un 20 % por debajo de lo habitual.

¿Cómo ahorrar costos por la contratación de camiones multiservicio?

Esta técnica consiste en contratar camiones que puedan **realizar servicios logísticos adicionales al transporte.** El objetivo es negociar un mejor precio para el conjunto de servicios que hubiésemos necesitado contratar a distintas empresas o aportando recursos propios para una operación logística.

Ejemplo

Un almacén de materiales de construcción presta un servicio de reparto con un precio medio de 150 € por entrega, realizada con furgonetas carrozadas con plataforma. Tras un análisis del proceso, la directora de logística opta por cambiar de empresa transportista, para lo que contrata un pequeño camión pluma que hará repartos durante una parte del día, pero también realizará su propia carga, ordenará los palés, subirá bultos a las alturas, etc., por un precio de 40 €/hora. Gracias a ello, el precio medio bajará a 130 €/entrega y el almacén podrá dar este servicio demandado por los clientes, a los que cobrará 50 €/hora.

Uso

Para aplicar esta técnica se debe analizar qué tipo de servicios se están contratando, directa o indirectamente, que puedan ser realizados por camiones multiservicio y hacer una oferta a quien los tenga para reducir el costo global.
Ejemplos de camiones multiservicio:
- Camión con grúa pluma.
- Camión con carretilla elevadora.
- Camión con cinta de clasificación de fruta y verdura.
- Camión con equipos de corte de madera.
- Camión con maquinaria para plantado de árboles.
- Camión con sistema de embalado y retractilado

¿Cómo ahorrar costos mediante la reutilización de contenedores?

El transporte de contenedores se realiza en dos tramos. Si es de descarga (importación), el contenedor lleno ha de recogerse en el puerto, llevarlo hasta el lugar de descarga y devolverlo vacío una vez descargado. Si la empresa destinataria de la importación tiene posibilidad de cargar para la exportación el mismo contenedor en el momento de la descarga, normalmente, recibirá un descuento de un 40-60 % del precio de vuelta. Para aplicar esta técnica es necesario **coordinar la carga y la descarga con la misma naviera y transportista,** lo que conlleva tener en cuenta una serie de pasos previos.

Ejemplo

Una empresa argentina de juguetes importa materiales semielaborados desde China con una naviera, en contenedores de 40 pies. El porte por carretera le cuesta 480 € desde Puerto La Plata hasta Saladillo.

La empresa también exporta a varios países, con lo que llega a un acuerdo con la naviera para su transporte de venta. Cuando cargue los mismos contenedores que vacíe, obtendrá un descuento del 50 % sobre el precio de vuelta. Así pues el precio de transporte resultaría a 240 € desde Saladillo a Puerto La Plata.

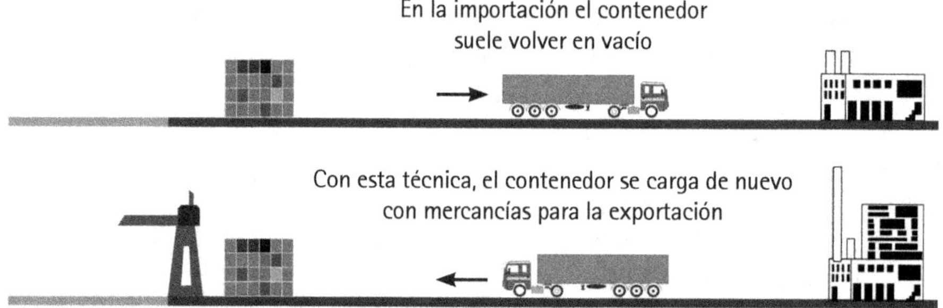

Uso

Para aplicar esta técnica hay que realizar el siguiente proceso:

1. Negociar fletes y precios de transporte para contratar con la misma naviera y empresa transportista en la importación y en la exportación.
2. Coordinar que pueda emplearse el mismo tipo de contenedor en la importación y la exportación.
3. Por último, hay que coordinar las descargas, de modo que puedan coincidir en el tiempo con las cargas y trasladar al personal las instrucciones necesarias.

¿Cómo ahorrar costos con transporte justo a tiempo o en la secuencia?

El transporte justo a tiempo, también conocido con las siglas JIT *(just in time)* es un método desarrollado en Toyota en la década de 1980. Permite reducir los inventarios al máximo posible, pero exige una entrega del producto justo en el momento en que se necesita. En general, ello supone un incremento del precio individual de cada porte, que queda compensado por la reducción de inventario (inmovilizado + transporte requeridos), que requiere un **volumen menor de transporte** y genera un **menor costo global**.

Uso

La tensión operativa hace necesario que generalmente se trabaje con sistemas que permiten mover muy ágilmente grandes grupos de mercancías: tractoras de arrastre, bandas de transporte, carruseles, etc. En caso de no llegar a tiempo suelen imponerse fuertes penalizaciones a la empresa transportista.

Descripción

Otra variante más especializada del JIT es el **transporte justo en la secuencia** *(just in sequence* o JIS). En este caso, no solo se ha de servir el suministro en el momento preciso, sino en el orden exacto que se está trabajando en ese instante en las líneas de producción o pedido. Esto puede dar lugar a un almacén sobre ruedas **(ficha F20)**.

¿Cómo ahorrar costos mediante la autocarga y descarga?

Los vehículos con sistemas de autocarga o autodescarga tienen la ventaja de **ahorrar o reducir los costos de los procesos de carga y descarga.** En algunos casos pueden emplearse para mejorar algunas técnicas, como el transporte justo a tiempo **(ficha E52).** Existen muchos tipos de camiones dotados con estos sistemas, aunque su costo es mayor que los vehículos convencionales y es necesario un cierto volumen de facturación para poder ser rentabilizados.

Ejemplo

Una constructora importa adoquines desde Brasil, pero necesita disponer del contenedor en la obra para que sea descargado durante una semana. Contratar una grúa especial para descargar el contenedor sería muy costoso, pero el exportador contrata un semirremolque con sistema de autodescarga que solo cobra un suplemento de 100 €, con lo que ahorra más de 1.200 € del servicio de la grúa.

Uso

Entre los múltiples sistemas de autocarga y autodescarga que hay en el mercado, los más conocidos son:

- Semirremolques de piso móvil.
- Sistemas hidráulicos para carga y descarga de contenedores.
- Bañeras basculantes.
- Tolvas autodescarga.
- Vehículos especiales a medida.

Antes de emplear esta técnica, es necesario analizar primero el costo total de transporte + carga + descarga y compararlo con el costo total que tendría la operativa aplicando sistemas de autocarga y autodescarga.

¿Cómo aplicar las técnicas de optimización de costos en la práctica?

Como hemos visto en las fichas anteriores, existe una gran variedad de **técnicas que permiten optimizar y reducir costos en transporte.** Para elegir cuál se debe aplicar en cada momento, es conveniente seguir el siguiente proceso:

1. Desglosar los servicios de transporte que se contratan en artículos u operativas cuantificables.
2. Crear una matriz en la que se puedan reflejar los artículos de transporte en las filas y las técnicas vistas en las columnas.
3. Para cada artículo, pensar y registrar qué técnica es posible aplicar.

Ejemplo

Una empresa distribuidora de maquinara ha de hacer 125 transportes especiales entre Arakkonam y el puerto de Chennai (India). El departamento de logística quiere investigar las posibles estrategias de negociación o cambio operativo que se podrían aplicar y qué objetivo de ahorro se podría fijar.

a) A nivel de negociación, se indican en la tabla las estrategias que se consideren que pueden ser más beneficiosas. En este caso, se realiza una oferta de contrato periódico, con desglose separado de costos, ya que no hay muchas empresas que puedan hacerlo.

Código	Artículo	Costo estándar viaje actual	Viajes previstos	Precio objetivo próximo año	Variación	Ahorro estándar
105787	Transporte especial de Arakkonam a Chennai Port	3.800 €	125	2.800 €	-1.000 €	-125.000 €

N.º	Técnica	105787
1	Salida a Tender	
2	Bolsa de cargas	
3	Oferta contrato periódico	X
4	Incremento de volumen	
5	costos abiertos + Porcentaje fijado	
6	Tarifa fija (forfait)	
7	Inclusión de fórmulas de riesgo	
8	Contratación separada de costos	X
9	Traslado mejores precios a proveedor	
10	Asumir costos del proveedor	
11	Incremento horario / plazo	
12	Aseguramiento ida + vuelta	
13	Mejora del plazo de pago	
14	Rebaja por planificación	
15	Inclusión en paquete mayor	
16	Rebaja por coordinación estratégica	
17	Enrutar transitaria por rebaja	
18	Reducción Incoterms	
19	Rebaja por reducción requisitos	
20	Rebaja por eliminación conceptos	
21	Contratación por horas / día	
22	Contratación por t/m³ / m²	
23	Contratación por €/km	
24	Imposición de precio	
25	Base de datos para urgencias	
26	Uso comparadores de precios	

b) A nivel operativo, se debe realizar la misma operación. El resultado debe medirse en ahorros estándar.

Código	Artículo	Costo estándar viaje actual	Viajes previstos	Precio objetivo próximo año	Variación	Ahorro estándar
105787	Transporte especial de Arakkonam a Chennai Port	3.800 €	125	2.800 €	-1.000 €	-125.000 €

N.º	Técnica	105787
27	Reducción tarifas de puertos o aeropuertos	
28	Alianza con terceros	
29	Mejora capacidad de carga vehículos	
30	Técnicas mejora aprovechamiento	
31	Ciclo 16/24 h	
32	Automatización traslados	
33	Conductor maniobras	
34	Semirremolques propios	
35	Contenedores en depósito	
36	Cajas móviles o semirremolques	
37	Reexpedición (cross docking)	
38	Transporte óptimo	
39	Rutas periódicas (milk run)	
40	Carga / descarga rápida	X
41	Eliminar creces previamente	
42	Entrega en transportista	
43	Organización mix jornada	
44	Consecución subvención	
45	Consecución rebaja fiscal	
46	Adecuación envíos a tipología transporte	X
47	Carga inmediata sin hora previa	
48	Uso camiones multiuso	
49	Reutilización contenedores	
50	Adecuación transporte a planta	
51	Autocarga / Autodescarga	X

F

Técnicas operativas en almacén

Técnicas operativas en almacén

Existen numerosas tipologías de almacén, cada una con una manera de operar distinta. Además, hay variantes en función de factores como, por ejemplo, el tipo de producto que se ha de almacenar o la actividad de la empresa.

Al igual que ocurre en otros ámbitos de la logística, como en la gestión del transporte, en la operativa de los almacenes también existen distintas técnicas para el ahorro de costos: por negociación o por cambio operativo.

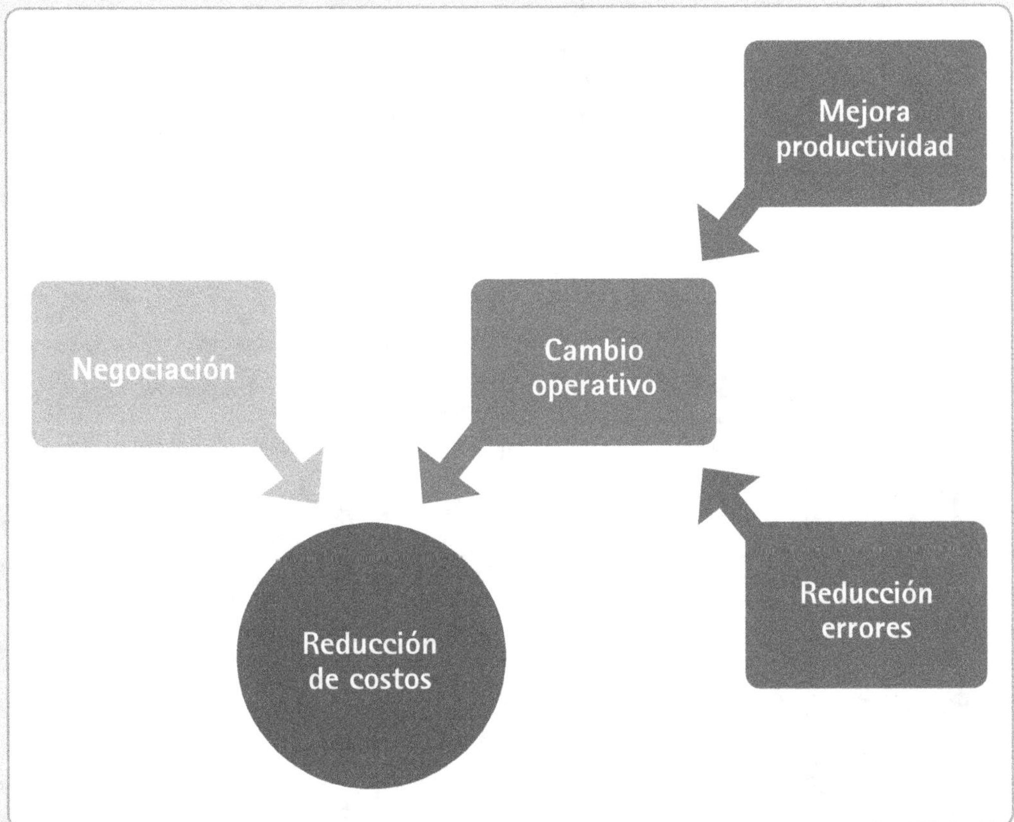

1. **Técnicas de negociación en almacén.** Mediante este tipo de técnicas es posible reducir los precios o mejorar las condiciones (kilogramos o volúmenes almacenados, etc.) de los proveedores y obtener así un ahorro en el precio por unidad almacenada, que se traduce en una reducción del costo global.

2. **Técnicas por cambio operativo.** Es posible analizar dos tipos:

   – Técnicas referentes a la mejora de la productividad.
   – Técnicas útiles para reducir los extra costos por fallos de calidad.

¿Cuáles son los almacenes más utilizados?

Hay distintos tipos de almacén. Su gestión, diseño y usos son muy diferentes y requieren de un análisis específico. En general, **los almacenes se clasifican por el tipo de elementos estructurales que utilizan,** los cuales han de ser coherentes con el propósito para el que están diseñados. A continuación se presentan algunos de los sistemas de almacenamiento más comunes.

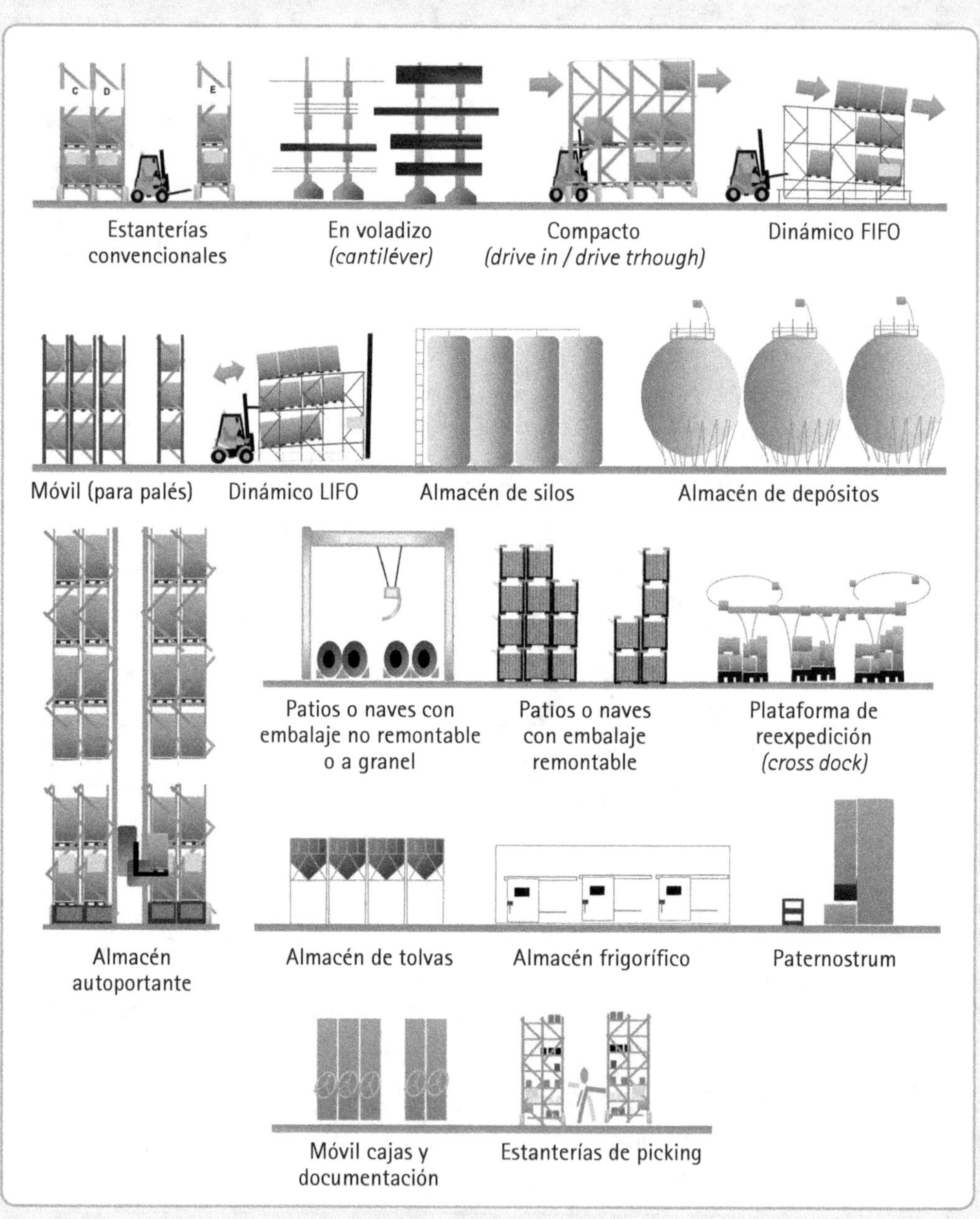

¿Qué técnicas de mejora operativa se pueden aplicar en un almacén?

Las técnicas de mejora operativa en un almacén son un grupo de métodos que proceden de enfoques diferentes y cuyo propósito es la obtención de **mejores costos a través de cambios en la forma de desarrollar las actividades.** Es posible clasificarlas en varios grupos, según su origen o enfoque.

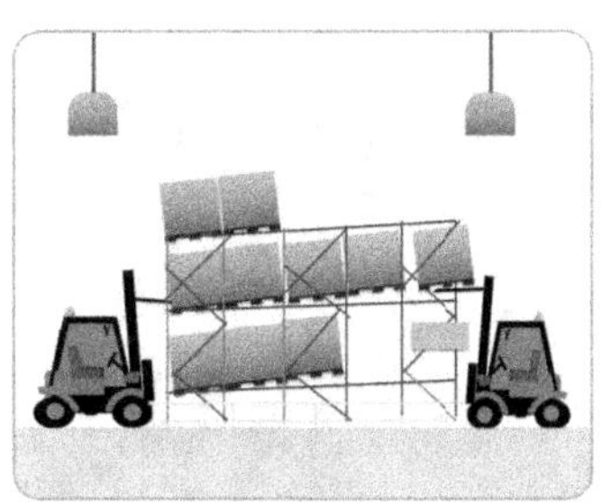

1. **Técnicas sobre estructuras adecuadas.** Este tipo de técnicas abordan la correcta construcción y el diseño de las instalaciones logísticas, con el fin de conseguir el mínimo costo de estructura posible, evitar costos extra y favorecer la máxima productividad.

2. **Técnicas japonesas.** En Japón se han desarrollado numerosas técnicas de mejora de la productividad. La mayoría surgieron entre 1950 y 1990 y fueron diseñadas para las plantas de producción. En la actualidad también se aplican al ámbito de los almacenes.

3. **Técnicas de mejora en operativas puntuales.** Abordan una gran diversidad de temas independientes, sin relación entre sí, como la improvisación, la organización y medición del tiempo o las etiquetas, por ejemplo. Es un área que ofrece un gran potencial para la innovación.

En esta unidad didáctica, estas técnicas se presentan organizadas de la siguiente manera:

- Fichas F4 a F12, Técnicas sobre estructuras adecuadas.

- Fichas F13 a F21, Técnicas japonesas.

- Fichas F22 a F41, Técnicas de mejora en operativas puntuales.

¿Cuál es el ancho óptimo de pasillo en el almacén para optimizar costos?

El ancho de los pasillos de almacén viene determinado por cinco factores:

1. **Flexibilidad.** Si es posible emplear varios tipos de vehículos, se deben tomar como referencia los requerimientos del que más espacio precise.

2. **Vehículo.** En función del vehículo, se establecerán unas medidas u otras.

3. **Luminosidad.** Se tomarán en cuenta la disposición de las entradas de luz y distribución de las lámparas.

4. **Criterios de prevención de riesgos laborales (PRL).** Se tomarán en cuenta las medidas mínimas y el paso de personas establecidas por las áreas de prevención de riesgos laborales

5. **Carga transportada.** Es habitual que supere el ancho de la carretilla.

La nota técnica de prevención NTP 298 española es un referente sobre los anchos de pasillo requeridos.

Uso

1. En los **pasillos con circulación en doble sentido** es recomendable dejar espacios libres de 1,40 m respecto al ancho de los dos vehículos o su carga aumentada y en ningún caso, deberían ser inferiores a 1,2 m.

2. En los **almacenes de estanterías** el pasillo tendrá un ancho equivalente al largo del vehículo mayor, añadiendo 0,5 m por cada lado, tanto en sentido longitudinal (si el vehículo solo circula a lo largo del pasillo) como en transversal (si tiene que girarse para recoger palés).

3. En los **silos automáticos** el ancho viene fijado por el fabricante y equivale al del vehículo utilizado.

¿Cómo reducir los costos a través del diseño interno del almacén?

Se denomina diseño interno de almacén (lay out) a la distribución interior de los espacios, donde **se define la posición que ha de ocupar cada área y elemento,** y que tiene una importancia crucial en la productividad. En particular, se tiene en cuenta la clasificación ABC de las mercancías **(fichas C18, C19),** ya que determinará las distancias para realizar cada tipo de trabajo.

El diseño óptimo permite alcanzar la máxima eficiencia en movimientos, costos, consumos, luminosidad, etc., así como en el cumplimiento de la legislación o las normativas internas de los distintos departamentos (prevención de riesgos laborales, calidad, etc.).

Ejemplo

Estos son algunos de los diseños más utilizados:

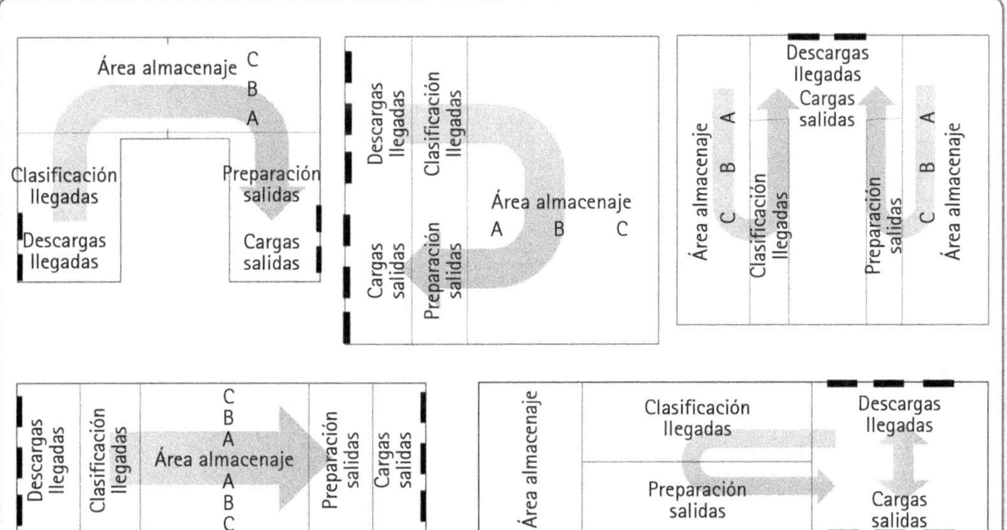

Existen muchísimos tipos de diseño interno, en función de las características del espacio de almacenamiento y de la estrategia que se desee seguir. Los más comunes son estos sistemas:

1. **Flujo secuencial.** La mercancía se mueve en un solo sentido: lineal, curvo o circular.

2. **Flujo empuje, vuelta** *(push back).* La mercancía entra y sale por el mismo sitio.

3. **Flujo mixto.** Combina los enfoques anteriores.

4. **Plataforma de reexpedición** *(cross dock).* Espacio principalmente dedicado a entrada, reorganización y salida rápida, sin apenas almacenaje.

¿Cómo distribuir los equipos de trabajo en el almacén?

En los almacenes se desarrollan numerosas operativas relacionadas con la manipulación de mercancías, como la preparación de pedidos, el etiquetado, la revisión de la calidad, el ensamblado, el envasado y embalado, etc. Para todas ellas, es fundamental **la distribución física de los equipos de trabajo,** ya que ello tendrá una influencia significativa en la productividad y los costos logísticos globales.

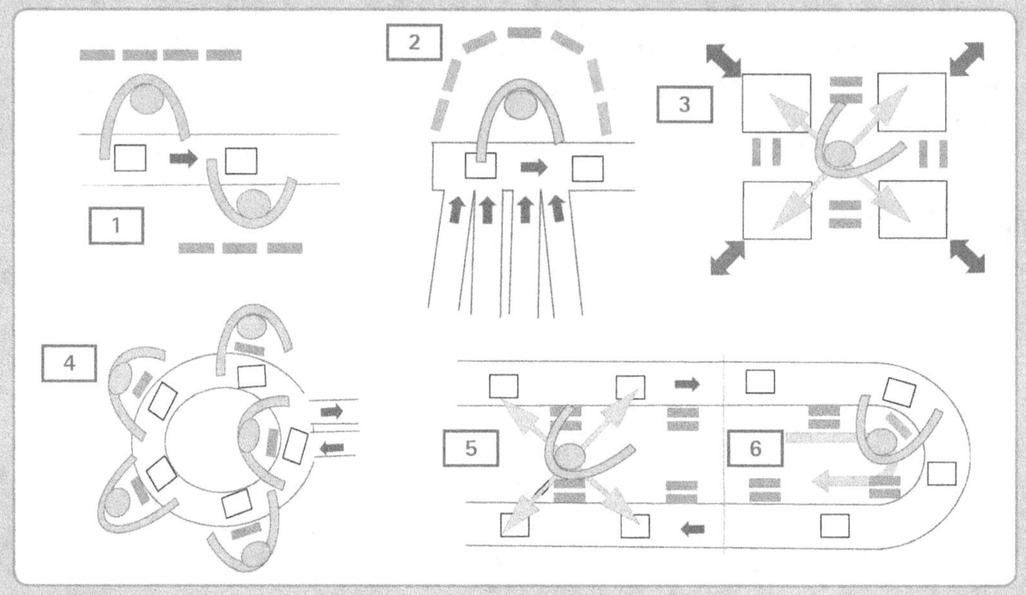

Uso

Estas son las principales técnicas de distribución física para la manipulación de mercancías:

1. **En línea.** Se emplea para grandes producciones a ritmo constante. Minimiza las pérdidas de tiempo por operación, pero es poco flexible.

2. **Al sitio.** El operario permanece en un lugar fijo y le llega trabajo desde múltiples lugares.

3. **En islotes.** Son zonas donde se pueden trabajar varios pedidos a ritmos distintos.

4. **En bucle.** Puede ser interior o exterior. Se emplea para ritmos muy variables, ya que permite multiplicar la velocidad cuando se quiere ampliando el equipo de trabajo.

5. **En jaula de pájaro.** Es un sistema en línea que permite operar en varias posiciones o reforzar con más personal y reducir el número de posiciones por operario.

6. **En U.** Es muy flexible y permite que un operario pueda realizar diversas operaciones. Un solo operario puede hacer toda la operación o reforzar toda la línea.

¿Qué elementos colocar en una sala de baterías para evitar problemas?

Las salas o zonas de baterías son aquellas en las que se cargan las carretillas eléctricas. En muchos casos, las baterías se cargan directamente, sin sacarlas de las carretillas. Sin embargo, en almacenes de grandes volúmenes es necesario disponer de varios juegos de baterías, para lo que suelen crearse unas salas habilitadas para ello. Como **las baterías contienen ácido sulfúrico y su manejo entraña cierto riesgo,** es recomendable construir estos espacios adecuadamente.

Solución

1. Primero, se debe disponer un colector en el suelo, con sus caídas en vertiente para recoger posibles fugas.

2. Construir la sala acorde a los espacios de maniobrabilidad, incorporando las señales de riesgo adecuadas.

3. Se debe disponer de una tubería superior para ventilación, una puerta antiincendios y un lavaojos de emergencia.

4. Una vez terminada la sala, se ha de pintar el suelo con pintura epóxica, para poder limpiar fácilmente aceites y vertidos, y colocar una rejilla desmontable sobre el colector.

5. Instalar enchufes ignífugos para los cargadores sobre la pared.

6. Para dejar las baterías se han de disponer unos soportes adecuados o palés.

7. Colocar el dispositivo homologado para realizar el cambio de baterías.

8. Por último, colocar en el exterior contenedores de sepiolita o elementos similares para recoger vertidos adecuadamente.

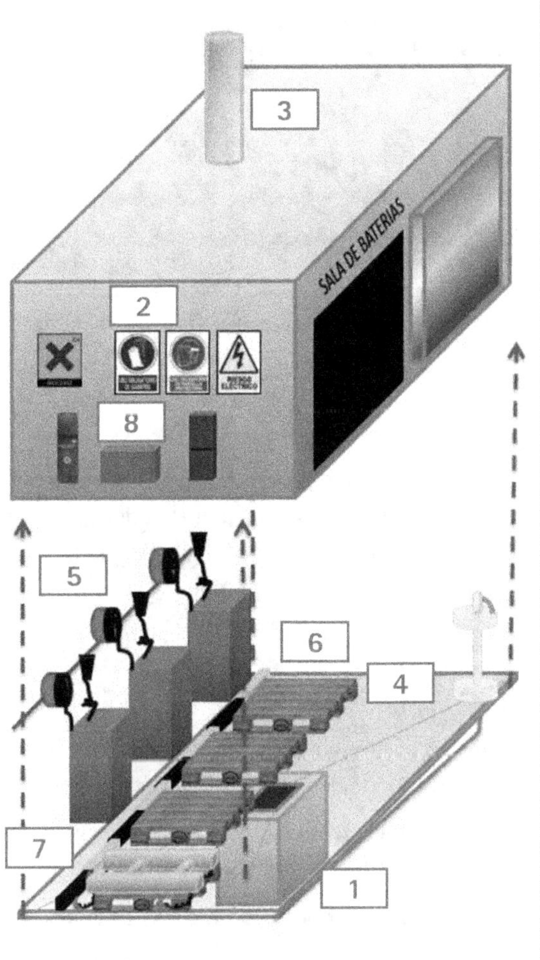

¿Cómo debe configurarse el suelo del almacén?

El suelo o pavimento de un almacén **es la parte que más actividad soporta y una de las más costosas.** Configurar y mantener adecuadamente el suelo es fundamental en todas las actividades de almacenaje, no solo a nivel económico, sino incluso legal, dentro de determinados sectores. Veamos cómo configurarlo.

Esquema de un pavimento estándar

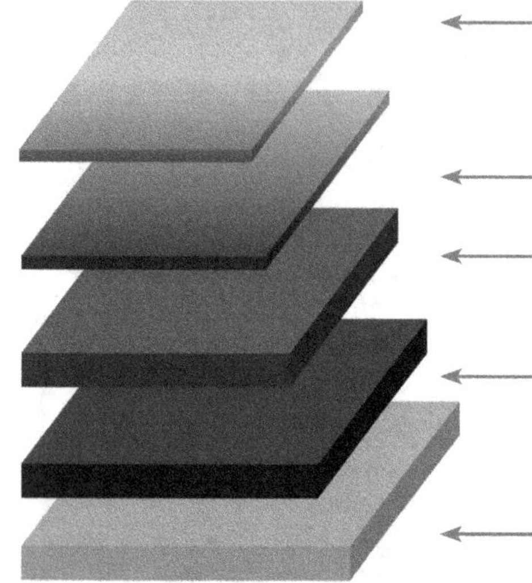

El sellado o recubrimiento. Es la superficie, que suele tener un grosor de entre 0,1 a 0,5 mm y que puede ser de materiales muy diversos.

Impregnación. Es la primera capa que penetra sobre la solera.

Solera. Es la parte que soporta las cargas estáticas y dinámicas. Puede ser de varios tipos, como puede verse más abajo.

Compacto sustentador. Da la hermeticidad y planeidad entre otros puntos. Suele ser de grava, arena u hormigón, entre otros materiales.

Substrato inferior. Es el suelo natural. Da la estabilidad y puede reforzarse con aditivos.

Para el suelo de los almacenes, suele recomendarse pavimentos de hormigón tratado superficialmente con epoxi. Tienen una gran resistencia a tensiones y cargas y un menor costo de mantenimiento.

Tipos

Hay muchas soleras posibles:

- **De hormigón tratado superficialmente:** mortero seco, cuarzo, epoxi multicapa, etc.

- **De bloques, plaquetas o baldosas de hormigón.**

- **De baldosas o losetas de otros materiales:** asfalto, chapa, goma, terrazo, etc.

¿Qué es una zona de bloqueo y cómo ayuda a reducir costos?

Son áreas que se destinan a paralizar y almacenar las mercancías con incidencias o roturas, hasta que se determine qué hacer con ellas o se solucione el problema que las ha llevado hasta este lugar.

Puede haber zonas de bloqueo de varios tipos o una para varios propósitos:

Zonas de cuarentena. Se trata de áreas en las que se depositan mercancías que deben ser bloqueadas por motivos fitosanitarios u otras causas que obliguen a paralizar mercancías durante un tiempo.

Zonas de incidencias. Son espacios dedicados a almacenar las mercancías con obstáculos para su entrega, tales como ausencias del destinatario, dirección incorrecta, envíos equivocados, etc.

Zonas para mercancías siniestradas. Son áreas en las que se dejan las mercancías que han sufrido daños físicos y que están pendientes de peritaje o de una decisión sobre su destino.

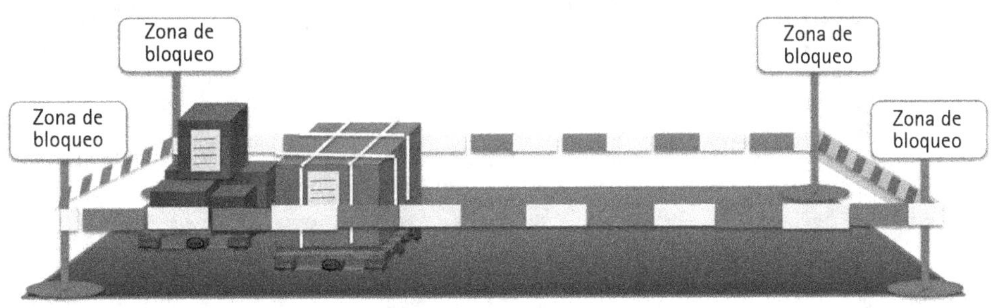

Uso

- Debe establecerse una zona flexible, que pueda reducirse o ampliarse en caso de incidencias. Generalmente se utilizan postes para delimitarla, y se enmarca el perímetro por líneas o bandas segmentadas con los colores rojo y blanco.

- Hay que disponer de etiquetas u hojas (amarillas o de colores llamativos) en bolsas de plástico autoadhesivas en las que señalar por escrito el motivo por el que está bloqueada la mercancía, el código identificativo de la incidencia y el nombre de la persona que la ha bloqueado, para poder ser consultada.

- Debe habilitarse un sistema informático que registre las incidencias y pueda ser consultado por cualquier persona autorizada. Este sistema ha de permitir configurar avisos o alertas para notificar cuándo entregar las mercancías, en qué lugar, etc.

- En caso de que la mercancía tenga que ser destruida, hay que tener un registro o comprobante de la destrucción, que ha de conservarse durante el tiempo que exija la normativa legal.

¿Cómo optimizar la altura de los muelles de carga?

Los muelles de carga son elementos clave en la mayor parte de almacenes. Es fundamental dotarlos de las **medidas adecuadas para optimizar cada movimiento de entrada y salida de mercancías.** En particular, es muy importante determinar muy bien la altura del muelle, ya que afectará a la seguridad de las personas, los equipos y las mercancías, así como a la productividad del almacén.

Para el caso europeo, la referencia es la NTP 985 (Muelles de carga y descarga: seguridad) y la EN 1398:2009 (Rampas nivelables. Requisitos de seguridad). Esta documentación técnica contiene algunas de las claves para responder adecuadamente al problema de la altura de los muelles.

Los diferentes tipos de muelles que se identifican en dichas normas son:

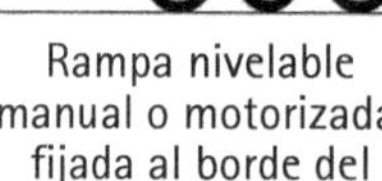

Puente de carga acondicionado manualmente, móvil.	Rampa nivelable manual o motorizada, fijada al borde del muelle.	Rampa nivelable, acondicionada manualmente, instalada en foso, con labio articulado.	Rampa nivelable, motorizada, instalada en foso, telescópica o con labio articulado.

Solución

Una vez definido el modelo de muelle, hay que considerar la altura de los vehículos que van a acceder al muelle, teniendo en cuenta que no debe haber un desnivel superior al 12,5 % entre la superficie de la caja del camión y la del muelle (norma EN 1398:2009). Es recomendable que quede la rampa por encima del vehículo de mayor altura que se vaya a recibir. Un desnivel excesivo bajará la productividad y elevará el riesgo de accidentes.

Tipde o vehículo	Altura desde suelo a muelle (m)	Altura total desde suelo a techo del camión (m)	Ancho recomendado de la rampa (m)
Furgoneta sin carrozar	0,65-0,8	2,6	1,6-2
Furgoneta carrozada	0,8-1	2,8-3,1	2-2,3
Camión rueda 80 cm	1,2	4	2,3
Camión rueda 70 cm	1,1	4	2,3
Camión rueda 60 cm	1	4	2,3
Camión frigorífico	1,3-1,5	4	2,3
Camión con contenedor	1,4-1,6	4	2,3

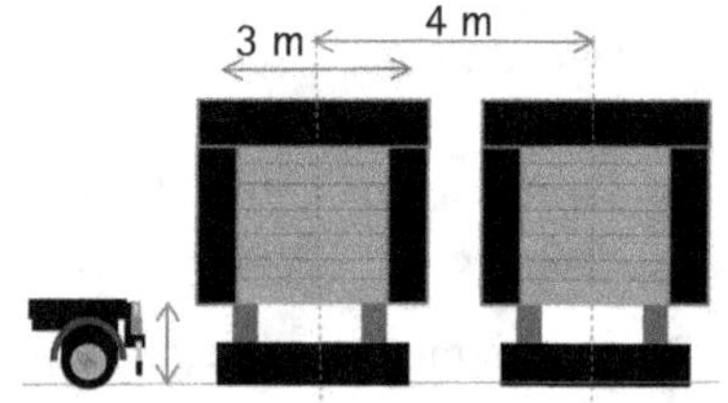

La altura de la rueda influye directamente en la altura requerida. Las más usadas son las de 60, 70 y 80 cm. Si se suman 40 cm, se obtiene la altura aproximada del muelle.

¿Qué son los flujos internos de personas y vehículos y cómo optimizarlos?

En la operativa de un almacén, la mayor parte de las pérdidas de tiempo están ocasionadas por los desplazamientos de personas y vehículos. Por ello, en el diseño de las instalaciones logísticas, es importante considerar todos los aspectos relacionados con la movilidad interna, para **reducir los tiempos dedicados a desplazamientos** y su incidencia en los costos y la productividad.

En general, hay que tener en cuenta esos factores:

Circulación interna de vehículos. Si hay control de entrada, este debe tener la previsión de llegadas y las instrucciones para dirigir a los vehículos hacia la zona de destino, sin necesidad de realizar consultas. Si no, debe haber un área de estacionamiento junto al lugar en que deben consultar a dónde dirigirse, y zona de espera en la que los transportistas puedan ser avisados por megafonía, pantallas, etc. Es conveniente habilitar instalaciones de aseo para conductores.

Circulación interna de personas. Hay que prever qué necesidades de desplazamiento se pueden producir (entrega de documentaciones, consultas, inspecciones, etc.), determinar cuál es la opción óptima en la que se invierte menos tiempo y tenerlo en cuenta en todos los procedimientos. Si hay que desplazarse largas distancias, pueden utilizarse vehículos ligeros (bicicletas, carros eléctricos, etc.). Se transmitirá toda la información necesaria antes de la llegada, para evitar consultas.

Espacios de trabajo. La mayor pérdida de tiempo en las áreas de trabajo se produce en los desplazamientos para comunicarse. A fin de evitarlo, pueden implementarse diferentes acciones en el diseño de estas áreas:

- Trabajar en espacios abiertos, sin paredes.
- Colocar ventanillas para atender al público.
- Fomentar el uso de teléfonos o comunicadores portátiles.
- Facilitar herramientas para videoconferencias.
- Gestión por procesos, con todo el personal implicado trabajando junto.

¿Cómo se organizan las nomenclaturas de un almacén?

Las nomenclaturas de los huecos de almacén dependen en gran medida del diseño de este, ya que pueden existir espacios muy diferentes, como patios, zonas de estanterías, silos, etc. Todas **las denominaciones deben tener una formulación y una secuencia orden lógicas,** que permitan ser buscadas y localizadas visualmente con facilidad. Cada almacén puede precisar soluciones distintas.

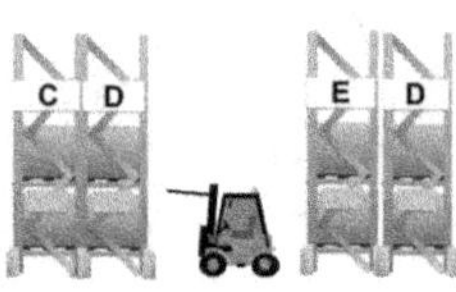

Almacenes de estanterías de todo tipo.

- Generalmente se utiliza un sistema compuesto por tres campos. El primero corresponde al pasillo; el segundo campo indica la fila, y el tercero la altura. Así, una situación A-34-D significa que el bulto está en el pasillo A, fila 34, altura D.

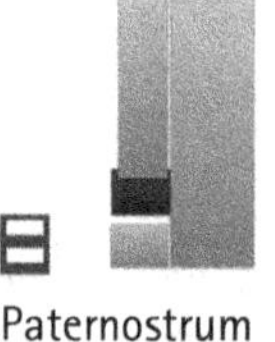

Paternostrum

- En almacenes caóticos o que requieran de una mayor información, se añaden códigos de barras empleando el número mundial de localización o GLN (global location number), que puede aplicarse en etiquetas EAN/UCC13, por ejemplo.

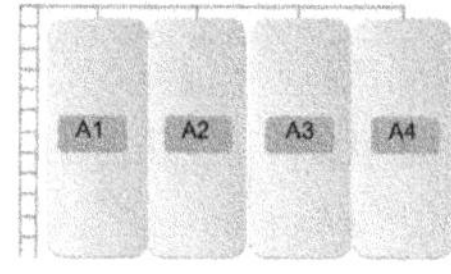

Almacén de silos, tolvas, depósitos o almacenes frigoríficos

- En los silos, tolvas, depósitos o almacenes frigoríficos se emplea una nomenclatura de dos campos (conjunto y fila) o incluso de un solo dígito (fila) si solo hay un grupo.

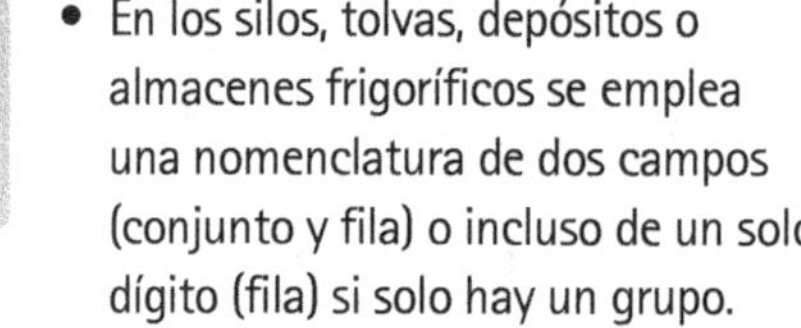

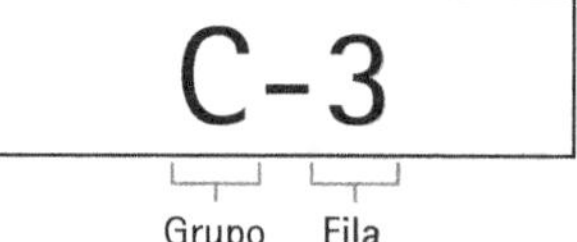

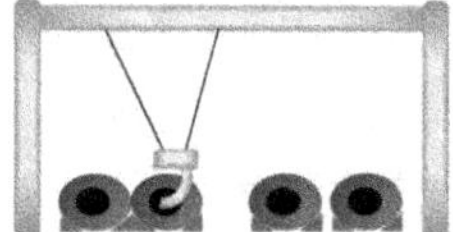

Patios o naves con embalaje no remontable o a granel

- En los almacenes con embalaje no remontable se utiliza la nomenclatura fila más profundidad o se hace una nomenclatura de la fila (las profundidades no suelen verse) y se da una ubicación única a la fila.

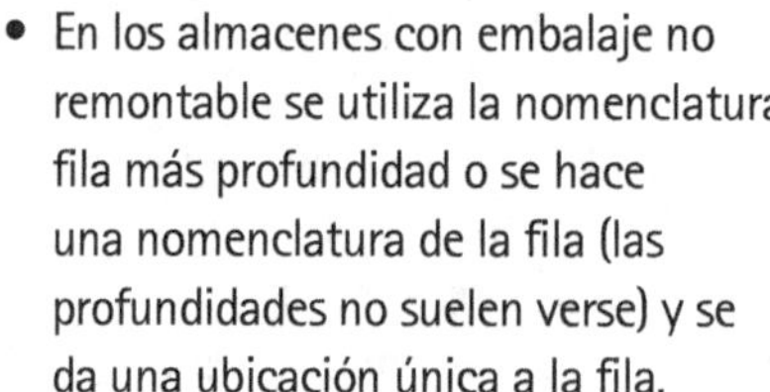

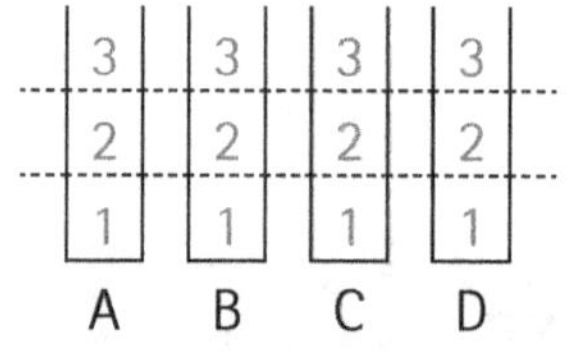

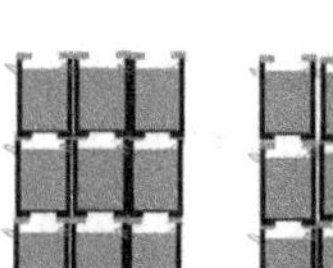

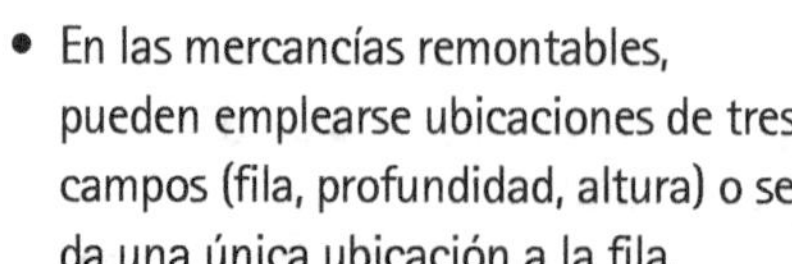

Patios o naves con embalaje remontable

- En las mercancías remontables, pueden emplearse ubicaciones de tres campos (fila, profundidad, altura) o se da una única ubicación a la fila.

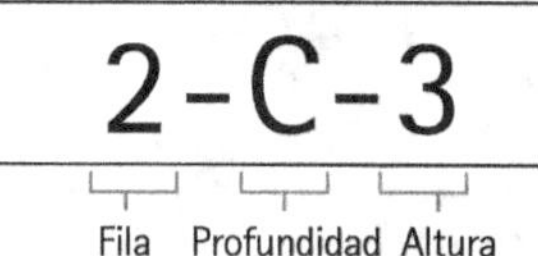

¿Qué son los 7 despilfarros y cómo se reducen?

Los «7 despilfarros» son un conjunto de actividades negativas identificadas por Taiichi Ohno, dentro del sistema de producción de Toyota TPS **(ficha F14)**, en la década de 1960. Según esta filosofía, **hay procesos que no solo no aportan valor, sino que lo restan.** Por tanto, hay que eliminarlos en la medida de lo posible. Son estos:

1. **Sobreproducción.** Si se produce más de lo necesario, también se gasta más de lo necesario y se reducen recursos para aportar valor real.

2. **Esperas.** Tiempo inactivo en el que no se genera valor.

3. **Sobreprocesamiento.** Son procesos innecesarios que podrían haberse eliminado para no aumentar el costo global.

4. **Transporte.** Todo movimiento de mercancías debe ser evitado en lo posible, pues solo aporta costo.

5. **Inventario.** Disponer de unidades no vendidas genera pérdida de liquidez y riesgo de obsolescencia.

6. **Movimientos de personal.** Solo aporta pérdidas de productividad.

7. **Reparaciones.** Esto incrementa el costo total de producción y resta capacidad para la aportación de valor.

Solución

Para eliminar estas actividades negativas se aplica un programa de mejora continua en varios pasos:

1. **Detección de los despilfarros:** a través de buzones de sugerencia, tarjetas de los operarios, informes, comparación de procedimientos u otros procesos.

2. **Análisis de las posibles mejoras:** mediante grupos de trabajo, apoyo de consultoras externas, tormenta de ideas, método SCAMPER, etc.

3. Realización de un **plan de acción** para obtener la mejora.

¿Qué son los *poka yoke* y cómo ayudan a reducir costos?

El término *poka yoke* procede de dos palabras japonesas: *poka* (evitar) y *yokeru* (error inadvertido). Podríamos traducirse como una **técnica o trabajo que evita errores inadvertidos.** Fue ideada por el ingeniero Shigeo Shingo, en la década de 1960, dentro del sistema de producción Toyota TPS **(ficha F13).**

Los calzos inteligentes son dispositivos que, cuando está activada una luz verde en su interior, señalan que se puede operar. En muchos casos están conectados a la rampa y al quitarlos suena una alarma y se retira la rampa automática. Esto evita que el vehículo pueda salir cuando se está operando en su interior.

Los sistemas de clasificación de palés pueden ser automáticos o manuales, simplemente colocando unos bordes con las medidas de cada uno.

Esto evita que el personal de almacén mezcle los palés (algo que puede ser muy habitual) al impedir que se pueda colocar un palé en una torre distinta a la designada para cada modelo.

Las carretillas y los vehículos de almacén cuentan con numerosos poka yokes posibles en su programación:

- Que no funcionen si el operario no se pone el cinturón.
- Que se reduzca la velocidad al girar.
- Que no puedan circular si no se ha hecho el mantenimiento, una vez superadas las horas.

Las zonas de almacén pueden dotarse de pivotes y vallas que impidan el atropello de personas.

Asimismo, pueden señalizarse las diferentes zonas en las que se desea realizar ciertas acciones –esperar a ser cargado, aparcar una carretilla, etc.– para que solo puedan realizarse en un determinado lugar.

Solución

En general, esta técnica se aplica para evitar errores humanos en materia de seguridad o de calidad. Principalmente, se trata de realizar pequeños cambios en el diseño de algún espacio, producto o proceso de almacén, que eviten fallos o accidentes que impidan realizar acciones de manera errónea, con el consiguiente ahorro de costos.

¿Qué es el kanban y cómo se emplea para reducir el inventario?

El *kanban* es una **filosofía de trabajo ajustado** aparecida en Japón en la década de 1950. Aunque abarca aspectos más allá del almacén, en lo relativo a este ámbito trata tres aspectos:

1. Sistema de arrastre (pull), mediante el uso de tarjetas.
2. Trabajo sincronizado (tack time) en capacidad y producción con la siguiente fase.
3. Reducción de los lotes, para evitar el desperdicio.

Esta filosofía nació en la empresa Toyota, cuando sus ingenieros elaboraron una estrategia para reducir desperdicios de tiempo, costo, existencias, etc. Evidenciaron que el sistema tradicional de producción masiva tenía importantes puntos de mejora.

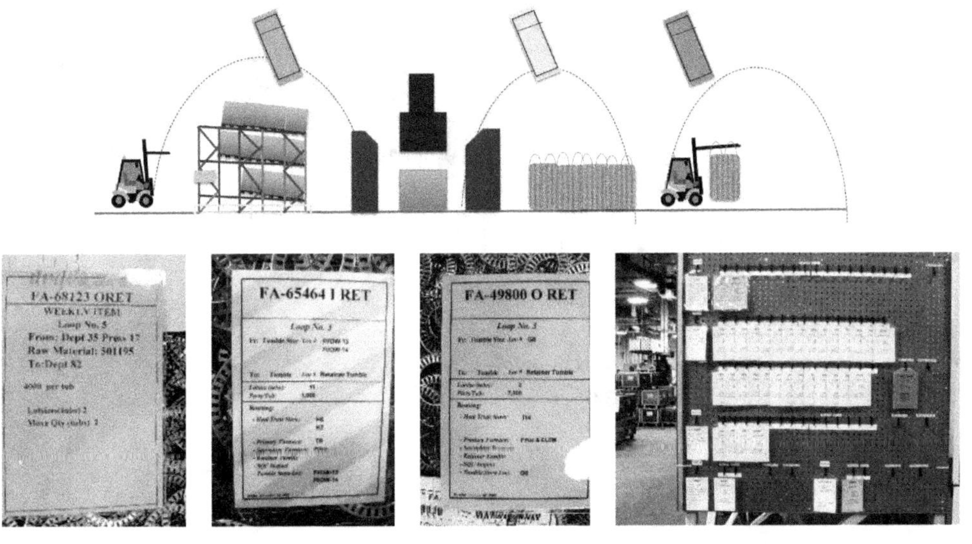

Uso

El kanban tradicional se aplica con ayuda de tarjetas plastificadas, que se colocan en un tablero junto a las líneas de producción o en el almacén de producto acabado para iniciar la cadena. El personal de almacén recoge estas tarjetas y va sirviendo a quien ha demandado esta mercancía.

En el interior o en el frontal de las cajas o unidades de expedición hay otras tarjetas similares, que deben ser enviadas a otro tablero o casillero de la fase anterior. Así, todas las fases van sirviendo a la siguiente línea, cuando reciben una tarjeta del producto agotado.

De esta manera, junto con el trabajo sincronizado y la reducción de lotes, se reduce drásticamente el inventario, al generar justo lo que se necesita, sin ningún desperdicio.

¿Qué es el SMED y cómo ayuda a mejorar la productividad?

El SMED (siglas de *single minute exchange of dies*) o cambio rápido de herramientas, en 10 minutos o menos, fue diseñada en la década de 1970 como una técnica que permitía **reducir los tiempos improductivos** en las líneas de producción cuando se producían cambios de útiles o dispositivos.

En la actualidad, el SMED se aplica a situaciones más diversas. En los almacenes puede usarse para reducir los tiempos en procesos como:

- Entradas y salidas de vehículos a muelles de carga o descarga.
- Cambios de baterías o bombonas de gas en vehículos de manutención.
- Vaciado o cambio de contenedores de residuos.
- Aprovisionamiento a la línea de producción.
- Cambio de elementos para la preparación de pedidos (cajas, mesas, etc.)
- Cambio de dispositivos de soporte a la carga o descarga (bandas transportadoras, rodillos, etc.)
- Cambio de dispositivos en los carruseles y otros automatismos **(ficha E34)**

SMED

Uso

El SMED divide las operaciones de cambio de útiles o dispositivos en dos vías:

1. **Acciones internas.** Solo pueden realizarse mientras la actividad está parada.
2. **Acciones externas.** Pueden realizarse paralelamente a la actividad.

A partir de aquí establece siete pasos para implementarlo:

1. **Preparación** previa: recopilar información e involucrar a personal experimentado.
2. **Análisis** de la actividad: desglosar y medir procesos necesarios (uso de MTM, etc.).
3. **Separación** de acciones internas y externas: anotadas, junto a los tiempos requeridos.
4. **Organización** de acciones externas: lograr el mínimo tiempo de ejecución posible.
5. **Convertir** acciones internas en externas: aplicar la reingeniería de procesos.
6. **Reducir** tiempos de las acciones internas: emplear herramientas idóneas.
7. **Seguimiento:** registrar y medir las mejoras.

Técnica de las 5 S

Las 5 S son unas técnicas desarrolladas en Japón en la década de 1960, en el seno de la empresa Toyota, que empiezan por S en japonés. Su finalidad es **mejorar el entorno laboral y la motivación del personal** a la par que se consigue una reducción de costos y riesgos, junto con una mejor imagen. Las cinco técnicas son estas:

Seiri o clasificación	Todo lo que no vale se retira del lugar de trabajo.
Seinton u organización	Un lugar para cada cosa y cada cosa en su lugar
Seiso o limpieza	Lo importante no es limpiar, sino no ensuciar.
Seiketsu o estandarización	Crear condiciones para mantener lo conseguido. Incluye el uso de control visual para detectar ineficiencias.
Shitsuke o disciplina	Tomar el hábito de hacer bien las cosas.

Pasos

1. Se crea un equipo de trabajo, con un líder.
2. El equipo visita el almacén para auditar la situación actual.
3. Se colocan etiquetas rojas sobre las discrepancias encontradas y se anotan.
4. El equipo vuelve a reunirse y establece un plan para mejorar lo previsto por etapas, como se muestra en el gráfico.
5 Se ejecutan los planes de mejora por fases, sin empezar una nueva fase hasta terminar la anterior. Se dan reconocimientos al equipo en cada fase.
6 Se plasman los resultados en fotos, que se colocan en tableros para motivar.

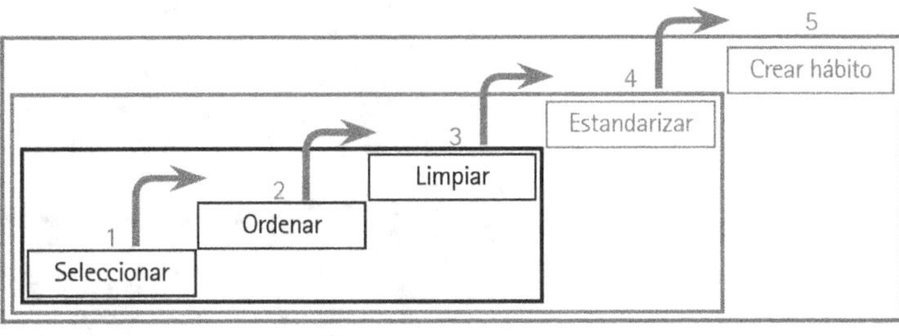

¿Qué es el TPM y cómo ayuda a la mejora de la productividad en almacenes?

El mantenimiento productivo total o TPM *(total productive maintance)* es un método desarrollado por el Instituto Japonés de Mantenimiento de Planta en la década de 1970. Busca **lograr cero averías, cero defectos, cero accidentes** y la involucración del personal en la eliminación de desperdicios.

Pasos

El TPM tiene ocho pilares de aplicación:

1. **Mejoras enfocadas.** Definir la situación actual, la meta alcanzable y los pasos para lograrla.

2. **Mantenimiento autónomo.** El personal debe poder realizar tres tipos de acciones: operativa habitual + mantenimiento básico de su equipo + inspección de calidad.

3. **Mantenimiento planeado.** El equipo de mantenimiento realiza labores de mantenimiento preventivo, orientadas a reducir las averías.

4. **Control inicial.** Aplicar lo aprendido, asegurando que los equipos funcionan adecuadamente desde el principio y son fáciles de mantener.

5. **Mantenimiento de la calidad.** Realizar acciones para lograr cero defectos.

6. **Entrenamiento de los equipos de trabajo** sobre las tareas de cada persona.

7. **TPM en oficinas.** Implementar todos los puntos en la administración.

8. **Seguridad y medio ambiente.** Realizar acciones para lograr cero errores.

Solución

El TPM puede aplicarse en distintos ámbitos de almacén como:

- Almacenes automáticos.
- Vehículos de almacén.
- Estructuras semiautomáticas, como muelles, puertas, etc.
- Carruseles y automatismos,
- Preparación de pedidos.

¿Qué es el *shojinka* y cómo se aplica en los almacenes?

Shojinka es una técnica de origen japonés que **altera el número de personas dedicadas a una sección de trabajo** en función de las circunstancias. En los almacenes es muy común trabajar con un alto grado de imprevisibilidad, por lo que esta técnica es muy beneficiosa en este ámbito.

Pasos

Históricamente, la técnica shojinka se ha fundamentado en tres pilares:

1. Diseños de distribución adecuados **(fichas F5 y F6)** en el almacén.
2. Personal polivalente y bien entrenado en las distintas funciones de almacén.
3. Revisión continua de la operativa y toma de decisiones sobre resultados.

Sin embargo, en la actualidad la adecuación de los recursos a la actividad cuenta con nuevas herramientas y enfoques en el almacén:

1. **Automatismos.** En la filosofía japonesa se denomina *jidoka* a la sustitución de operarios por máquinas. En los almacenes se están desarrollando numerosos sistemas que, además de sustituir, sirven de apoyo a la actividad humana, como robots, silos automáticos o sistemas autónomos de transporte, entre otros.

2. **Externalizaciones.** Existen muchas empresas a las que se puede contratar un refuerzo externo por horas o días, y que incluso pueden aportar sus propios vehículos de almacén.

3. **Gestión de la improvisación.** Son una serie de técnicas encaminadas a optimizar las operaciones en entornos de alta imprevisibilidad.

Para lograr la polivalencia, en el shojinka hay que usar este tipo de matriz hasta alcanzar el número de tareas requeridas:

Ítem	Carga	Descarga	Pedidos	Etiquetado	Ensamblaje	Clasificación	Rev. Calidad
Operario 1	1	1	0	1	0	0	1
Operario 2	1	1	1	1	1	0	1
Operario 3	1	0	0	1	0	0	0
Operario 4	1	0	0	1	0	1	1
Operario 5	1	1	1	1	1	1	1
Total	5	3	2	5	2	2	4
Pico máximo	5	3	5	3	2	5	4
Necesidad	0	0	3	-2	0	3	0

Además, suelen usarse ventanas horarias y matrices de máxima actividad para analizar si se podrá atender la máxima actividad **(ficha F22).**

¿Qué es el almacén sobre ruedas y cómo reduce costos de almacén?

La técnica del almacén sobre ruedas, también conocida por su denominación en inglés *warehouse over wheels*, consiste en **eliminar el almacén intermedio e introducir los vehículos hasta las mismas líneas de producción o preparación de pedidos,** siendo los operarios los que recogen directamente la mercancía del vehículo. El costo del transporte puede ser igual o incluso superior por la espera, pero se consigue un gran ahorro en personal y costos estructurales de almacén. Suele aplicarse junto con las técnicas JIT y JIS **(ficha E52).**

Ejemplo

Una empresa de automoción planifica la fabricación y organiza los camiones que suministran a la línea de producción, de acuerdo con la secuenciación prevista. Al llegar los camiones entran hasta la línea y el operario los va descargando, sin necesidad de personal adicional de descarga.

El ahorro: 98.000 €/año.

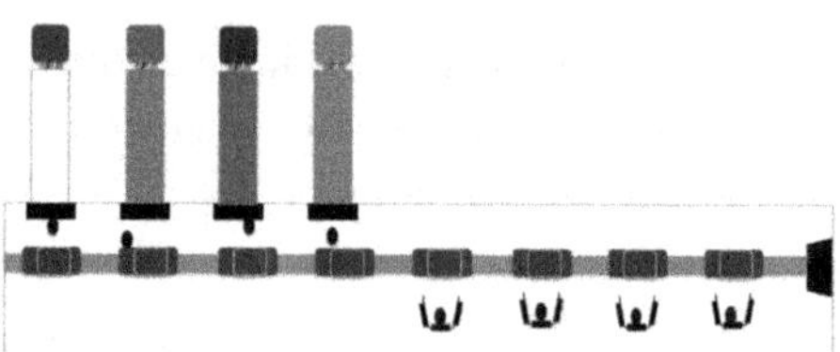

En algunas ocasiones, los vehículos se quedan un tiempo –días o incluso semanas–. En otras, no llegan hasta la misma línea de producción, sino que se les coloca unas bandas transportadoras en las que el transportista descarga la mercancía.

Uso

Para aplicar esta técnica se debe realizar un estudio de los costos estructurales del almacén y del suministro a cadena de producción, dividiendo el costo total por las unidades servidas.

A continuación se debe estudiar el costo de diseñar unos muelles o accesos directos a la zona de producción o preparación de pedidos, así como los sistemas de trabajo para facilitar la recogida de las mercancías sin moverse del puesto (banda transportadora, suelo móvil, etc.).

Por último, se ha de comparar el costo total de la operativa actual, frente a la del almacén sobre ruedas, para ver si esta segunda opción es más rentable.

¿Cómo puede la técnica SCRUM reducir costos de almacén?

La técnica SCRUM fue creada por los japoneses Nonaka y Takeuchi y se puede considerar como una variante colectiva de la técnica de la ganancia rápida **(ficha F32).** Consiste en un método que suele aplicarse para **gestionar crisis o procesos de unas dos semanas** en las que se trata de reconducir u optimizar una situación concreta entre el cliente y un equipo designado por el proveedor.

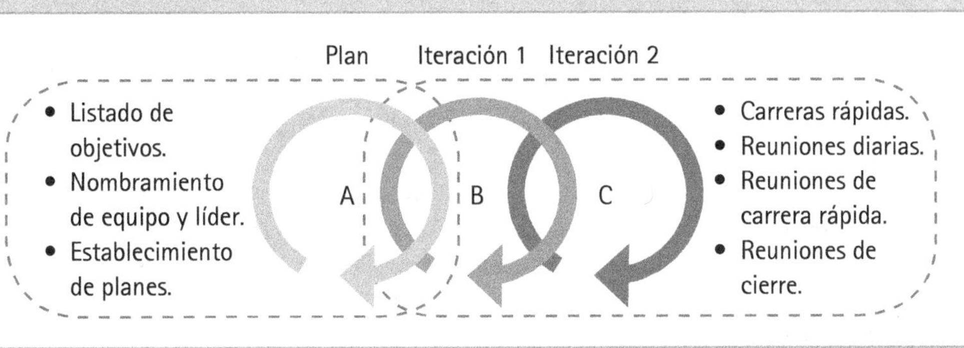

Solución

El SCRUM se ejecuta en plazos denominados «iteraciones», que suelen ser de una semana. El SCRUM puede durar de dos a cuatro semanas. Los pasos que se han de seguir son los siguientes:

1. El cliente nombra un equipo o persona responsable, que pasa al equipo un listado de acciones y objetivos deseados (product backlog).

2. El proveedor nombra un equipo con un líder (SCRUM master) que define el plan para lograr los objetivos, dividiendo el proceso en iteraciones de una semana y en tareas más pequeñas denominadas carrera rápida o sprint backlog, para el alcance de un objetivo.

3. Se ejecutan las acciones y diariamente, al comienzo de cada carrera rápida se realiza una reunión para repasar el plan y los objetivos. En general, se suele emplear una pizarra donde se señalan las acciones pendientes, en curso y las hechas.

4. Diariamente se realiza una breve reunión de revisión (daily SCRUM), en la que se repasa lo realizado el día anterior, lo que se va a hacer en el día y lo que se precisa para cumplir los objetivos diarios.

5. Al terminar una carrera rápida, la iteración o todo el SCRUM también se realizan reuniones breves para dar por finalizado el proceso, aprender de los posibles errores y comunicarle al cliente los resultados.

Los beneficios del SCRUM son: lograr objetivos marcados por el cliente en un corto plazo, una mejora en el tiempo de retorno de la inversión, eliminación de costos añadidos, derivados de una situación crítica, mejora de la imagen y mejora de la productividad.

¿Cómo reducir los costos por planificación de la actividad diaria?

Un almacén puede tener tamaños y actividades muy variables, pero todos tienen la necesidad de planificar su actividad. Realizar **una buena planificación puede reducir drásticamente los costos de almacén,** optimizando al máximo sus recursos. Existen tres principales herramientas de planificación:

1 Previsiones de entradas y descargas

- En las empresas de producción, es posible disponer de sistemas de programación y control de la producción, MRP I o MRP II, con la previsión de materiales a recibir.
- En otros casos se emplean los ficheros de aprovisionamiento, en los que se pasa un informe de llegadas por fechas.
- Cuando se trata de empresas de transporte o plataformas logísticas, existirá la planificación de descargas realizada por el departamento de tráfico. En ocasiones, esto suele hacerse directamente sobre las ventanas horarias, que son unos cuadros con la previsión de actividad por horas.
- En empresas muy pequeñas, a veces se reciben notificaciones de llegada por parte de los clientes o de sus transportistas.

2 Previsión de salidas y descargas

- Al ordenar una carga, el departamento de tráfico suele anotarla en un parte de cargas, así como en las ventanas horarias.
- En ocasiones, son los clientes los que envían a sus transportistas, mediante las notificaciones u órdenes de carga.

3 Órdenes de trabajo en almacén

- En los almacenes se realizan múltiples actividades (pedidos, etiquetaje, traslados, limpieza, transbordos, mantenimiento, etc.), todo ello suele hacerse mediante órdenes, como listados de preparación de pedidos, órdenes de inventario, etc.

Ejemplo

Antes de planificar, es importante definir las capacidades y la matriz de polivalencias, para entender qué actividad puede realizarse en cada caso.

A partir de ahí, se puede señalar dicha actividad en las ventanas horarias.

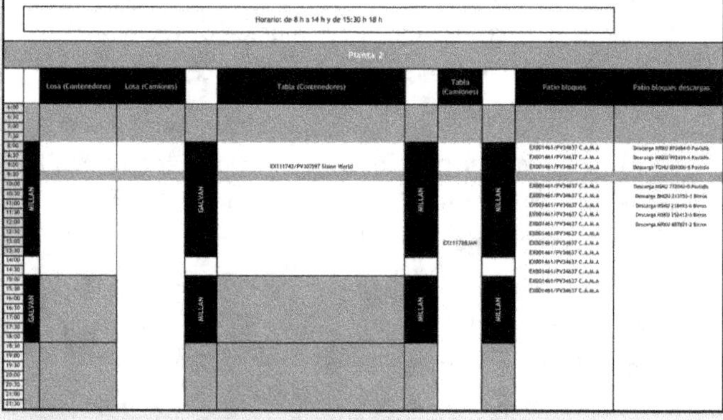

¿Cuál es el mejor sistema para organizar la preparación de pedidos?

La preparación de pedidos es algo que puede realizarse de múltiples maneras y variantes. En gran parte depende del tipo de almacén en el que se vaya a operar **(ficha F5)**. En función de ello hay que definir **la forma en que se producirán los desplazamientos, los elementos de manutención que existen,** qué hay que preparar, dónde están las mercancías, los medios a utilizar y el espacio donde se realizarán las operaciones.

Opciones que pueden combinarse

Según la forma de desplazamiento	• **Pedido al operario:** el operario está fijo y la mercancía viene a él (almacenes automatizados) • **Operario al pedido:** el operario busca y recoge los materiales para hacer los pedidos • **Mixto:** una parte le llega al operario y otras partes han de ser recogidas por este • **Automatizado:** el pedido es preparado por sistemas automáticos íntegramente
Según la herramienta utilizada para saber qué hay que preparar	• **Preparación** con ayuda del papel (listas de extracción de productos o *picking*). • **Extracción por dispositivos luminosos** *(pick to light y put to light)* en la preparación de pedidos siguiendo las instrucciones que aparecen en indicadores tipo led o pantallas • **Extracción de unidades por voz** *(pick to voice)* para la preparación de pedidos, siguiendo las indicaciones que se reciben a través de auriculares • **Extracción de unidades por visión** *(pick to visión)* en la preparación de pedidos a partir de lo indicado en las gafas inteligentes *(smart glasses)* • **Preparación automática de pedidos** *(automatic picking)* a través de sistemas automatizados y robotizados
Según los medios utilizados para manipular el material	• **Elementos de manutención:** carretillas, apiladores, transpaletas y recogepedidos • **Transelevadores** y sistemas de extracción automáticos • **Cintas** transportadoras o clasificadoras • **Vehículos de guiado automático,** mediante sistemas de filoguiado, ferroguiado, optoguiado o láser • **Sistemas dinámicos** de caída por gravedad • **Manipulación manual** de las unidades de producto o de carga
Lugar donde se preparan	• **Playas de almacén:** grandes espacios vacíos en los que poder clasificar y preparar pedidos • **Células:** ubicaciones individuales a las que llegan mercancías a un operario • **Cadenas de pedido** y cintas transportadoras,en las que varios operarios completan pedidos • **Zonas de salida** en almacenes automatizados o con rodillos de los que recoger la mercancía

En el diseño de un sistema de preparación de pedidos, hay que tener en cuenta factores como el diseño ABC **(ficha C19)** o el modo de control de tiempos **(ficha F26).** Para definir el diseño, se deben listar todas las opciones posibles, cuantificar cada una de las posibles combinaciones y elegir la que más se ajuste a cada necesidad y costo.

¿Qué criterios hay para optimizar el orden de las mercancías en almacén?

Las operaciones de entrada, salida y almacenamiento de las mercancías puede hacerse utilizando diferentes procedimientos. En función de ellos se puede **obtener una mayor o menor productividad en el almacén.** Algunos de estos procedimientos permiten eliminar o reducir el riesgo de obsolescencia de las mercancías.

Uso

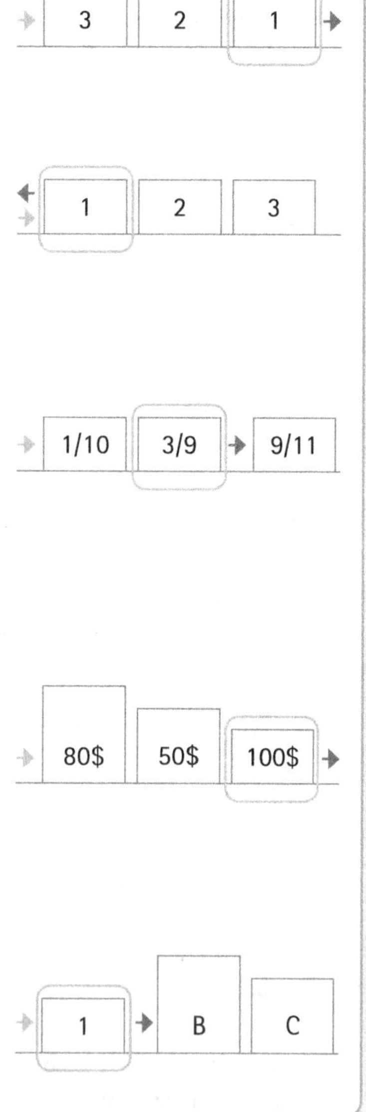

FI-FO *(first-in/first-out).* **La primera mercancía en entrar será también la primera en salir.** Suele aplicarse mediante estanterías tipo *drive in.*

LI-FO *(last-in/first-out).* **La última mercancía en entrar es el primero en salir.** Se aplica en áreas en las que se almacena contra la pared y no es relevante el criterio de antigüedad, o las mercancías llegan en orden inverso a cómo hay que sacarlas. Para aplicarlo se suelen emplear estanterías tipo *push back* o simplemente se llenan filas contra una pared.

FE-FO *(first-expires, first-out).* Se utiliza especialmente en alimentación y productos perecederos. Significa que **el primero en caducar es el primero que debe salir.** Para aplicarlo, suelen emplearse sistemas de gestión de almacén (SGA) y de preparación de pedidos mediante extracción por dispositivos luminosos *(pick to light)* por voz *(pick to voice)* y por visión, que permiten seleccionar automáticamente la mercancía que antes expira.

Secuenciación cualitativa. Consiste en **establecer un parámetro cualitativo** (mayor valor, mayor tamaño, mayor calidad, etc.) **para designar el orden de salida.** Se suele aplicar mediante sistemas de gestión de almacén (SGA). Mediante sistemas de realidad aumentada es posible establecer múltiples criterios al mismo tiempo, al poder ver con gafas inteligentes u otros dispositivos diversas capas (categoría comercial, ofertas, etc.) con solo seleccionar la capa deseada.

Secuenciación cuantitativa. **Se dan unas referencias a la mercancía** y se clasifica según dichas referencias: zonas de entrega, números de albarán, categoría interna, etc., **para definir el orden de salida.**

¿Cuál es el mejor sistema para chequear y dar entrada a las mercancías?

Una fase importante en todo almacén es la de revisar y dar entrada a las mercancías que llegan. Parece algo sencillo, pero no lo es tanto, ya que mientras **unos sistemas resultan sumamente eficientes,** otros favorecen los errores humanos e informáticos, que pueden generar problemas posteriores en toda la cadena logística. Los principales sistemas son los siguientes:

1	El proveedor graba las salidas directamente en el sistema del cliente y usa etiquetas electrónicas (TAG) del cliente.	Es un sistema muy rápido y utilizado en las empresas de transporte urgente. Cuando llega un vehículo con la paquetería recogida, el personal de almacén puede verificar la llegada con un dispositivo de mano tipo PDA o una predescarga, pues ya tiene la información en el sistema de gestión y todas las etiquetas son del almacén de destino.
2	El proveedor etiqueta y graba en origen los datos de la carga, transmitiéndolo al sistema del cliente.	Es un procedimiento muy rápido y utilizado en las empresas de transporte urgente. Cuando llega un vehículo con la paquetería recogida, el personal de almacén puede verificar la llegada con un dispositivo de mano tipo PDA o una predescarga, pues ya dispone de la información en el sistema de gestión y todas las etiquetas son del almacén de destino.
3	Primero se introduce la mercancía en el sistema y luego se emite un documento de control de la descarga, que sale del sistema	Este sistema permite chequear dos cosas al mismo tiempo: lo que se recibe físicamente y lo que se ha grabado. Si hay un error de grabación (por ejemplo, si se introduce 2000 unidades en lugar de 200), se detectará con facilidad. Por contra, es un sistema lento, puesto que exige un trabajo administrativo previo antes de comenzar el chequeo.
4	Chequeo utilizando albaranes originales y la posterior introducción del resultado en el sistema informático.	Es el sistema más rápido para el personal de almacén y aparentemente es fiable, porque en el albarán viene la información original del proveedor. Sin embargo, este sistema genera múltiples problemas, especialmente porque los albaranes tienen múltiples formatos, y si se produce un error al grabar es difícil detectarlo.

+ Eficiente

− Eficiente

¿Cómo medir y mejorar los tiempos de almacén?

La vía más habitual es mediante el sistema «métodos y tiempos», también conocido como MTM *(methods time measurement)*. Según lo define la Asociación Española de MTM, es **una herramienta para describir, estructurar, configurar y planificar los sistemas de trabajo,** definir los medios y las herramientas, construir procesos robustos y, por lo tanto, sistemas de producción eficientes y estandarizados. Sus aplicaciones alcanzan tanto a la fabricación, la logística y el mantenimiento, como a la administración o los servicios.

Uso

El MTM nació con la publicación en 1948 del libro *Methods-Time-Measurement,* en el que se establecieron sus bases y surgió su propia unidad de medida, el TMU:

> 1 TMU = 0,00001 hora / 0,006 minutos / 0.036 segundos.

El sistema métodos y tiempo establece varios niveles de operaciones, desde el más sencillo, al más complejo:

- **MTM1.** Describe, mide y estandariza los movimientos básicos: alcanzar, coger, mover, posicionar y soltar.
- **MTM2.** Describe, mide y estandariza secuencias de movimientos, como: obtener, situar, reasir, aplicar presión, acción de los ojos, movimiento del pie, andar, inclinarse y levantarse, movimiento de la manivela, acción del pie, doblarse y levantarse.
- **MTM-UAS.** Se utiliza para el trabajo en serie: tareas repetitivas, organización, etc.
- **MTM-MEK.** Se emplea para tareas con poca rutina y ausencia de repetición.

Fases

La medición y mejora de los tiempos se realiza en tres fases:

1. **Desglosar y medir los micromovimientos** de cada acción (cronometraje), resumiéndolo todo en las tablas MTM.
2. **Sumar todo el valor de las operaciones** según las tablas MTM. Se establecen entonces los tiempos obtenidos
3. **Conocer y reducir el tiempo evitable.** Los tiempos obtenidos se deben comparar con los predeterminados o estandarizados para estudiar oportunidades de mejora.

¿Cómo reducir los costos de almacén mediante tableros de marcha?

Un tablero de marcha es un dispositivo que permite ver cómo se va ejecutando una actividad respecto al plan previsto. Para ello, solo es necesario **comparar datos de las operaciones parciales o totales realizadas frente a las previstas.**

Ejemplo

Una zona de almacén está destinada a preparar pedidos. Tiene órdenes de trabajo para realizar 1.125 pedidos por turno.

Sin embargo, ha tenido problemas y a las 11:00 h ha realizado 84 pedidos menos de los previstos.

La persona responsable del turno calcula que se han de hacer 21 pedidos más por hora y decide reforzar el equipo con una persona.

Inicio	Fin	Pedidos previstos	Pedidos realizados	Variación
6:00	7:00	150	101	-49
7:00	8:00	150	110	-40
8:00	9:00	75	78	3
9:00	10:00	150	153	3
10:00	11:00	150	149	-1
11:00	12:00	150		
12:00	13:00	150		
13:00	14:00	150		
Total		1125	591	-84

Ventajas

Entre sus ventajas, los tableros de marcha permiten:

1. Reaccionar con agilidad ante desviaciones sobre lo previsto.
2. Nivelar el flujo de trabajo cuando así se requiere (filosofía *lean*).
3. Analizar patrones de desviaciones y corregirlas.

Uso

Los tableros de marcha pueden aplicarse prácticamente a cualquier actividad de almacén, como por ejemplo:

- Seguimiento de la preparación de pedidos.
- Operaciones de carga o descarga.
- Operaciones de traslados internos.
- Cumplimiento de trabajos de limpieza.
- Seguimiento de labores de mantenimiento.

¿Cómo mejorar la productividad a través de la técnica «Pomodoro»?

Fue ideada por el consultor Francisco Cirillo, en la década de 1980 y consiste en dividir la jornada en tramos de 25 minutos llamados *pomodoros*. Se ejecutan con la ayuda de un reloj o una aplicación de tiempo y su finalidad es el aumento de la productividad. Está enmarcada en las «técnicas de caja del tiempo» o *time boxing*, en las que **la actividad se divide en tramos pequeños con un objetivo predeterminado.**

Uso

1. Decidir la tarea que se ha de realizar, junto con sus objetivos.
2. Cuantificar los tramos de tiempo o pomodoros necesarios para hacerla.
3. Activar el contador *pomodoro* (25 minutos).
4. Trabajar en la tarea hasta que el contador suene y anotar un ciclo.
5. Descansar cinco minutos y repetir.
6. Cada cuatro ciclos tomar un descanso más largo, de quince minutos.

Ventajas

- En trabajos rutinarios, como la preparación de pedidos, por ejemplo, puede suponer un descanso reparador.
- Al fijar tramos de 25 minutos y objetivos concretos, puede aplicarse en trabajos cíclicos para aumentar la productividad.
- Reduce la procastinación, al impedir centrarse en tareas agradables y dejar las más difíciles para más tarde.
- El tablero de marcha **(ficha F18)** puede ajustarse a los tramos y ser un sistema muy productivo.
- Puede aplicarse en lugares con zonas de descanso cercanas con el fin de reducir la fatiga física en ciertas labores.
- Reduce riesgos en trabajos con una ergonomía deficiente.

Inconvenientes

- En muchas ocasiones el horario está fijado por convenio laboral o por el departamento de recursos humanos.
- La actividad de almacén es variable y no es posible dejar camiones a media descarga, por ejemplo. Toda actividad debería sincronizarse para realizar descansos colectivos.
- Las distancias pueden ser largas, y que en cinco minutos no dé tiempo de ir a la zona de descanso
- Si este procedimiento elimina el descanso habitual de media hora, no se podría almorzar en quince minutos.

Las técnicas tradicionales de organización rápida de la actividad

Las técnicas tradicionales de organización rápida emplean papel y bolígrafo o cualquier otro elemento de escritura, y son útiles para organizar las tareas y mejorar la productividad. Sus defensores alegan que son más flexibles que las herramientas para dispositivos móviles u ordenadores, se pueden llevar encima sin riesgo de dañarlos, **fomentan la creatividad y permiten consultas más rápidas y visuales.**

Cuaderno de notas. Entre los más apreciados están los cuadernos revestidos por una tela llamada moleskin, y tienen una banda elástica para cerrarlos. Este tipo de cuadernos tienen muchas aplicaciones y permiten:

1. Clasificar los temas mediante etiquetas de colores.
2. Insertar documentos entre las hojas.
3. Generar sistemas de organización personalizados

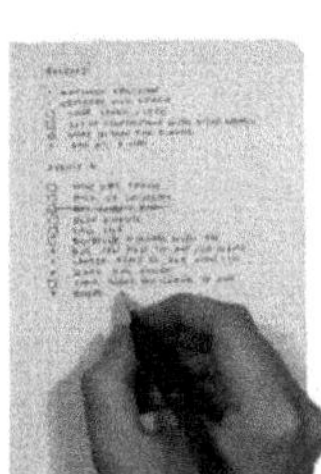

El **bullet journal** es un método creado por el diseñador Ryder Carroll, en el que se usa un cuaderno y una serie de pautas de organización:

1. Registro rápido: identificar lo importante de lo que no lo es, mediante símbolos *(bullets)* que permiten clasificar los datos.
2. Índice actualizable: las páginas se numeran al utilizarse.
3. Calendario de eventos: flexible, según lo requiera el contenido.
4. Lista de tareas: por día, semana, mes...

La *hipster* PDA o HPDA es básicamente un conjunto de hojas sueltas o tarjetas de diferentes colores unidas por un clip, a las que se añade un bolígrafo. Su utilización se adapta a cada persona, pero puede ser así:

1. La carátula suele contener datos del dueño y el propósito.
2. En el interior se organizan las tareas por orden: lo primero que se ha de hacer va delante. Una vez realizado, se archiva o se desecha.
3. Se pueden añadir etiquetas de colores para organizar tareas.

Las barras de tareas tienen su origen en las órdenes de los restaurantes. En almacenes se utilizan para reducir el tiempo en la transmisión de instrucciones:

1. Se reciben tareas que se apuntan en una HPDA.
2. En un lugar acordado, hay una o varias portatareas asignadas all personal de almacén (pueden asignarse por persona, equipo, horas, etc.).
3. Se pasan las tareas recogidas a las portatareas en el orden deseado, y el personal pasa a retirarlas.

La aplicación de planes de contingencia para evitar riesgos

Las **fichas E26 y F41** tratan sobre las urgencias y los riesgos. Los planes de contingencia son herramientas muy útiles para resolver problemas puntuales. Pero en ocasiones es toda la operativa la que está en riesgo, al verse afectadas numerosas partes de la misma. Un ejemplo de ello es cuando hay una avería informática importante o un accidente que pone en riesgo la seguridad y la salud de las personas. Un plan de contingencia es un **protocolo de actuación integral** que activa una manera de operar distinta ante una situación de riesgo de inoperatividad.

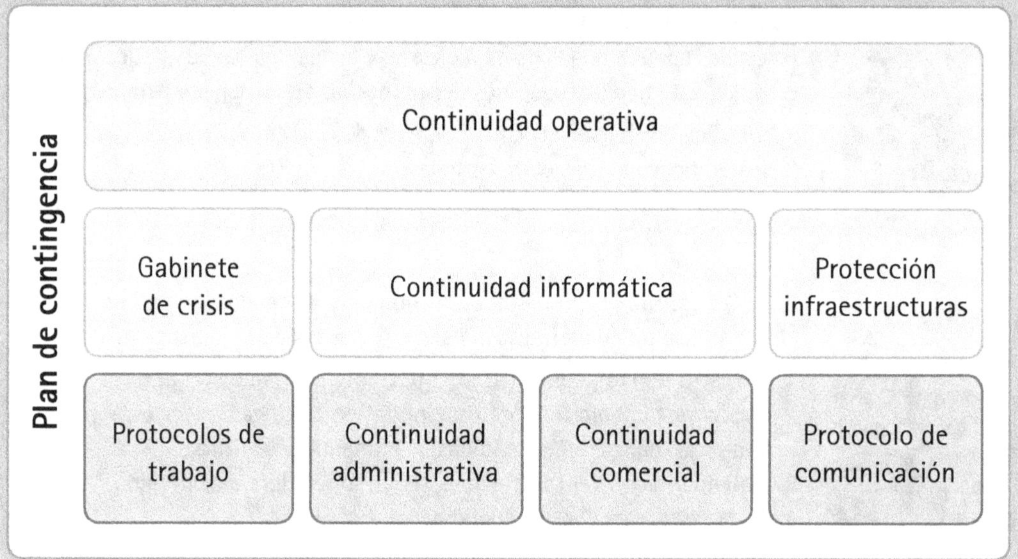

Solución

Los planes de contingencia deben asegurar la continuidad general y administrar aspectos como la dirección de la situación o las comunicaciones. Para llevarlos a la práctica, suelen redactarse procedimientos de calidad que registren:

1. Protocolos y acciones que se han de realizar para garantizar la continuidad operativa, comercial, informática y administrativa. Establecen pasos a dar para compensar o corregir los posibles problemas generados por una situación crítica.

2. Los nombres y las responsabilidades de las personas que gestionarán la crisis.

3. Las acciones a realizar para proteger, si fuera necesario, las infraestructuras o propiedades (vehículos, archivos, etc.) durante la crisis.

4. Los protocolos de comunicación interna y externa para anunciar el inicio y el fin del plan de contingencia y para funcionar durante dicho periodo.

La técnica GTD como sistema de mejora de productividad en almacén

El GTD *(gettings things done)* es un método de mejora de la productividad basado en un libro del mismo título del consultor David Allen, traducido al español como *Organízate con eficacia.* Su principio es «estar preparados para cualquier cosa». Este método propone un **sistema organizativo con una priorización de las acciones basada en criterios prácticos, inmediatos y aplicables en entornos imprevisibles,** como los almacenes. Se basa en decidir a qué próximas acciones se va a prestar atención y a dedicar tiempo, pero en ningún momento intenta apostar por la gestión del tiempo.

> «Cualquier sistema de organización no es bueno si gastamos mucho tiempo en organizar las tareas en lugar de hacerlas.»
>
> DAVID ALLEN

Uso

A través del método GTD el personal está preparado para decidir y actuar con rapidez. Propone recibir las acciones que se han de realizar, clasificarlas ágilmente en realizables o no en menos de dos minutos, reorganizando lo que no puede hacerse en «cubos», que son módulos de actividades registrados en sistemas sencillos (carpetas, cuadernos, archivos, etc.). Uno de los sistemas son las 43 carpetas, que corresponden a 12 carpetas para los 12 meses + 31 carpetas para los días máximos de un mes corriente.

Muchos almacenes tienen una actividad imprevisible, pero el método GTD permite centrarse inmediatamente en lo ejecutable, sin olvidar lo que se deja para más tarde, gracias a procedimientos de reorganización rápida. Suele presentarse a través de flujogramas que facilitan la organización de las tareas. Sus principales pasos son:

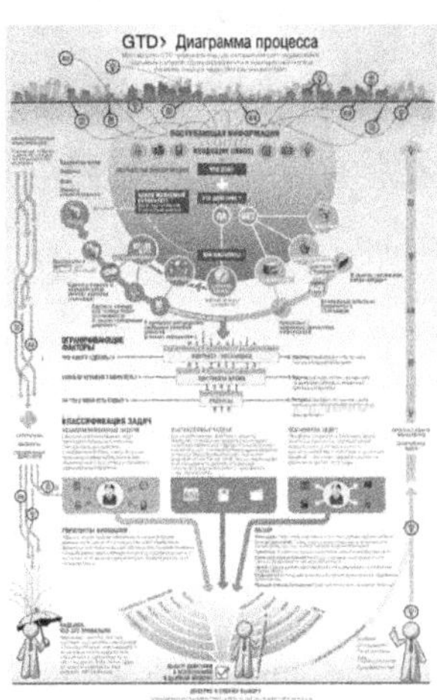

Ejemplo de flujograma GTD.

1. **Recopilar.** Recibir la necesidad a realizar.

2. **Procesar.** No hacer más de una actividad a la vez. Si lleva más de dos minutos, se hace inmediatamente. Si no corresponde a la persona que la recibe, esta la delega. Si no conviene hacerla en ese momento, hay que posponerla a un momento concreto en el correspondiente cubo.

3. **Organizar.** Traducir las necesidades a las acciones que se requieren y organizarlas por orden. Si hay acciones que requieren estar abiertas un tiempo, se revisan periódicamente.

4. **Revisar** las acciones abiertas semanalmente.

5. **Hacer.** La clave del éxito está en la acción.

La técnica de ganancia rápida o *quick wins*

Se trata de un método que se puede aplicar **cuando se dispone de poco tiempo para conseguir resultados** y no se pueden desplegar todas las técnicas deseables. Consiste en establecer unos cuadros en los que se analizan:

- Las acciones que es posible realizar.
- El tiempo que lleva la ejecución de cada acción.
- Los recursos que consume cada acción.
- El beneficio (económico, calidad, etc.) que se obtiene en cada acción.
- El total de tiempo y recursos disponibles, junto con el objetivo perseguido.
- A partir de aquí, se eligen las acciones mediante las que se consiga un logro más rápido respecto al resultado perseguido o que más se aproxime al mismo.

A partir de aquí, **se eligen las acciones mediante las que se consiga un logro más rápido** respecto al resultado perseguido o que más se aproxime al mismo.

Ejemplo

Se avisa al responsable de una empresa de paquetería que se ha producido un incendio a la entrada del polígono industrial donde está ubicado el almacén, y de que solo dispondrá de tres horas para cargar las lanzaderas del día. Dispone solo de tres operarios y calcula que le será imposible. Si desvía lanzaderas a otra delegación le cobrarán 5 €/envío, con lo que usa la técnica de ganancia rápida para ver en qué grupos de lanzaderas ocupará a los tres operarios.

Descripción	Lanzaderas	Total envíos	Operarios	Horas necesarias	Ahorro
Descarga y carga lanzaderas zona A	6	350	1	3	1.750
Descarga y carga lanzaderas zona B	4	240	0,7	2	1.200
Descarga y carga lanzaderas zona C	5	290	0,8	2,5	1.450
Descarga y carga lanzaderas zona D	7	430	1,2	3,5	2.150
Descarga y carga lanzaderas zona E	3	180	0,5	1,5	900
Descarga y carga lanzaderas zona F	2	160	0,3	1	800

Concluye que la mejor opción es centrarse en las lanzaderas C a F, con un ahorro de 5300 €.

Uso

Esta técnica tiene muchos usos posibles en un almacén, como por ejemplo:

- Decidir qué mercancía se queda y cuál se va si hay sobreocupación.
- Decidir qué pedidos se sirven primero.
- Decidir en qué cargas emplear un vehículo, si hay que elegir.
- Decidir en qué se emplean los recursos en caso de saturación.

¿Cómo hacer un inventario y con qué frecuencia para evitar errores?

Se llama «hacer inventario» a la acción de **contrastar las existencias** físicas, sus características (referencia, estado, ubicación, etc.) y cantidades (unidades, cajas, palés, etc.) **frente a lo que figura en el sistema informático,** para cotejar que estas últimas están bien registradas.

Uso

Existen varios tipos de inventario y, si nunca se ha realizado ninguno o no se ha diseñado un procedimiento para su ejecución y gestión, inventariar puede ser algo confuso y dar lugar a todo tipo de problemáticas operativas. Las modalidades básicas de realización de inventarios y el modo de realizarlas son las siguientes:

	Opciones que pueden combinarse	Inventario cíclico	Muestra	Inventario continuo	Inventario automatizado
Plazo	Periódico en fechas fijas	X	X		X
	Periódico en fechas aleatorias	X	X		X
	Diario o semanal		X	X	X
	Inventario puntual (una vez)		X		X
Según la cantidad inventariada	Total de las mercancías (100 %)				X
	Muestra sobre un porcentaje definido subjetivamente		X	X	X
	Muestra sobre un porcentaje definido sobre el nivel de confianza que se quiere alcanzar		X	X	X
	Sobre un área o conjunto elegidos por orden		X	X	X
Según el método de realización	Se extrae el inventario informático y se va buscando la mercancía en él reflejada por ubicaciones	X	X	X	
	Se extrae el inventario informático y se comienza por un área del almacén, buscando la mercancía física en el inventario	X	X	X	
	Chequeo con un dispositivo de mano tipo PDA. Se activa en modo inventario y se van leyendo todas las etiquetas. El sistema dictamina si hay faltas o algo incorrecto	X	X	X	
	Chequeo mediante vehículos o robots programables para inventario, que leen automáticamente las etiquetas	X	X	X	X
	Mediante etiquetas inteligentes o almacenes automáticos con lectores laser. El inventario se actualiza automáticamente a través de los movimientos detectados.	X	X	X	

¿Qué códigos de trazabilidad pueden utilizarse para reducir errores?

La aparición del código de barras tuvo lugar en Estados Unidos, en 1952. Posteriormente, aparecieron diversos organismos dedicados a estandarizar su uso con el propósito de establecer un sistema internacional de trazabilidad:

- **UCC (Uniform Code Council).** Presente en Norteamérica, que generó la codificación UPC.

- **EAN (European Article Numbering).** Originalmente se desarrolló en Europa y pasó luego a convertirse en EAN internacional, cuando se adhirieron países de otras zonas geográficas. Generó la codificación EAN.

- En 2005 ambas instituciones se fusionaron, dando lugar al **GS1.** Se generaron diversos sistemas de trazabilidad basados en códigos de barras, transacciones electrónicas, red global de sincronización de datos y códigos electrónicos de productos.

Las codificaciones UPC y EAN se fusionaron en la codificación GTIN, estableciendo una serie de códigos para cada caso:

Para las unidades de consumo, los códigos más utilizados son los GTIN-8, GTIN-12, GTIN-13, que tienen 8, 12 y 13 dígitos, respectivamente, correspondientes a diversos campos como la clave del producto, el número de control, el país y el dígito de control.

Para las unidades de expedición (palés u otras unidades de carga) que agrupan diversas unidades de consumo, se utiliza habitualmente el código GTIN-14.

Entre los códigos más utilizados se encuentra el GS1-128, que tiene una longitud variable y suelen aplicarse para las unidades de manipulación logística en combinación con otra información escrita que puede leerse directamente. Los campos que contiene son:

- Identificación de la unidad de consumo contenida en el empaque.
- Número de serie de producción.
- Cantidades.
- Medidas comerciales.
- Número de lote.
- Información para el seguimiento de mercaderías.
- Fecha de fabricación.
- Fecha de vencimiento.

¿Cómo reducir las averías mediante listas de comprobación?

Una lista de comprobación (check list) de elementos de manutención consiste en una plantilla con una relación de **aspectos o dispositivos que se deben verificar con periodicidad diaria, semanal o mensual** en los vehículos de almacén (carretillas, apiladores, etc.) para comprobar su correcto estado. Son muy habituales en la operativa de gestión de almacenes y se enmarcan en el mantenimiento predictivo, con el fin de detectar posibles daños o averías en su fase inicial, antes de que se produzcan averías más graves.

Aunque las listas de comprobación suelen variar mucho, en función del fabricante, el tipo de vehículo, los implementos o la normativa interna de cada empresa, existen elementos comunes, como se puede apreciar en el ejemplo de una lista de comprobación diaria para carretillas elevadoras:

Instrucciones disponibles con ❖AURUM	CHECK LIST DIARIO CARRETILLA ELEVADORA							Nº CARRETILLA	
FECHA INICIO SEMANA (LUNES)	LUNES	MARTES	MIÉRCOLES	JUEVES	VIERNES	SÁBADO	DOMINGO	Nº SEMANA	
								OBSERVACIONES	
LUZ ROTATIVA									
INDICADOR ACUSTICO MARCHA ATRÁS									
BOCINA									
RUEDAS									
RETROVISOR/ES									
LUCES DELANTERAS									
LUCES TRASERAS									
DESPLAZADOR LATERAL									
MASTIL Y MANGUITOS									
HORQUILLAS									
GASOIL / CASOLINA / GAS / BATERÍA									
MANDO APERTURA PUERTAS AUTOM.									
PINTURA Y ESTRUCTURA EN GENERAL									
NOMBRE Y FIRMA DEL CARRETILLERO								NOTA: SI ENCUENTRA UN DESPERFECTO, COMUNÍQUELO A SU ENCARGADO/A Y BLOQUEE LA CARRETILLA, SI ES NECESARIO.	

Nota: señale con una "V" lo que esté correcto y con una "X" lo incorrecto y comuníquelo

Uso

- En el ejemplo se identifican una serie de puntos a revisar al principio de la jornada, indicando con una «V» lo que está correcto y con una «X» aquello que no está en buen estado o presenta deficiencias.

- Se debe comunicar cualquier deficiencia o desperfecto con el fin de realizar un mantenimiento correctivo (reparación) o preventivo (se sustituye o actúa sobre una parte del vehículo para asegurar su capacidad operativa).

- En general se suele hacer una lista de comprobación diaria o semanal básica y una mensual para una revisión más detallada y en profundidad.

¿Qué es un colchón de tiempo o *buffer* y cómo mejora la productividad?

El colchón de tiempo, también conocido por *buffer*, es una técnica que **se emplea para regular o nivelar los tiempos de trabajo.** Se aplica cuando hay tiempos muertos, como esperas, picos de trabajo, etc., que suponen un desperdicio de tiempo y posterior bajada de productividad, con el fin de reducir o eliminar dichos desperdicios.

Ejemplo

Un almacén de reexpedición tiene que descargar de una zona y transbordar la mercancía a otra zona en la que se carga al mismo tiempo. El carretillero de descarga debe hacer un trayecto más largo, por lo que el carretillero de carga tiene que esperar y pierde tiempo en cada operación. Para evitar esta situación, los dos comienzan en la descarga y cuando tienen un colchón de tiempo suficiente uno descarga y otro carga sin espera alguna.

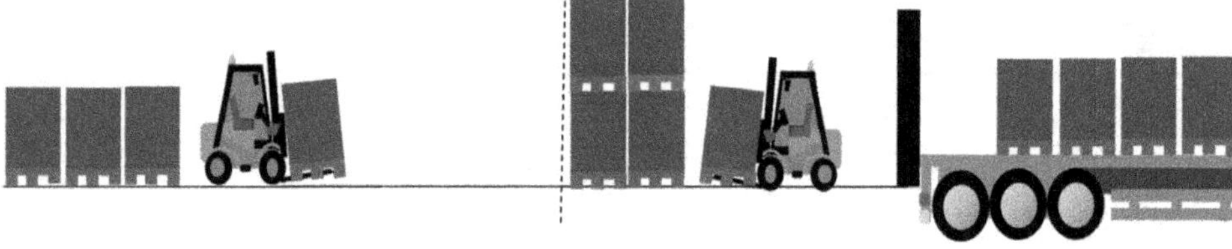

Uso

Cuando se realizan operaciones no sincronizadas y que dependen unas de otras, es preciso analizar el tiempo y ritmo de cada una. En caso de que una actividad supere a la otra, puede utilizarse un colchón de tiempo para compensar la diferencia de ritmo, con la finalidad de que nunca esté parada una de las actividades.

El uso de almacenes de flujo rodante

En la mayoría de almacenes se usan técnicas de manipulación que elevan y transportan elevadas cargas individuales. La técnica del flujo rodante consiste en **colocar sobre ruedas a toda la mercancía posible y transportarla** arrastrándola o empujándola por grupos, con el consiguiente ahorro de tiempo y recursos.

Ejemplo

Un almacén recibe y expide el 100 % de las cargas formadas por contenedores de almacenamiento dispuestos sobre ruedas electrofrenadas. Al llegar al muelle de descarga, las tractoras de arrastre enganchan, desactivan el freno y transportan grandes grupos completos hasta su ubicación en el almacén.

A la hora de mover por el almacén la carga, se enganchan y llevan conjuntos completos, ahorrando movimientos y mano de obra.

Uso

El flujo rodante se puede conseguir utilizando elementos como:

- Contenedores y jaulas con ruedas tipo roll.
- Soportes con ruedas sobre los que colocar palés u otras unidades de carga.
- Estructuras metálicas a medida con ruedas.
- Bultos a los que se les pueda atornillar ruedas.
- Tanquetas y otros dispositivos para transporte rodado.

¿Qué son las microinstrucciones instantáneas y cómo se usan?

Las microinstrucciones instantáneas o *mic-ins* son un método propio de la filosofía AURUM mediante el cual **una persona realiza una tarea prefijada** (montaje, inspección, reparación, etc.) paso a paso, **a través de instrucciones sencillas, proporcionadas por un dispositivo inteligente.** Las mic-ins se caracterizan por:

1. Cada paso es una microinstrucción diferente.
2. El dispositivo debe poder pararse hasta recibir una entrada (detección visual, confirmación por voz, etc.) de que se ha realizado la acción requerida para continuar con el siguiente paso.

Ejemplo

- Una responsable de planificación recalcula stocks de seguridad y nuevas órdenes de producción siguiendo las microinstrucciones de unas gafas inteligentes.

- Un operario realiza labores de ensamblaje de productos complejos, mientras es guiado por un sistema de apoyo a la preparación de pedidos por voz e inteligencia visual artificial.

Uso

Las microinstrucciones instantáneas permiten realizar labores complejas, de modo similar a cuando montamos un mueble a partir de un documento con instrucciones. Además, el uso de dispositivos inteligentes permite marcar tiempos y ritmos, conectar a diversos usuarios, etc. Los hay de muchos tipos:

1. **Según el dispositivo que transmite las microinstrucciones:** gafas, teléfonos o relojes inteligentes, tabletas, pantallas o auriculares.
2. **Según el tipo de microinstrucciones:** fotos, dibujos, voz, realidad aumentada o texto, entre otras.

¿Cómo se usa la nanotecnología en almacenes?

Un nanómetro (nm) equivale a la millonésima parte de un milímetro. La **nanotecnología aborda el desarrollo de materiales, maquinas, estructuras o reactores** a esa escala. Tiene múltiples propiedades y usos y, aunque es una tecnología emergente, cuenta ya con numerosas aplicaciones en la industria y en la prestación de servicios de almacenamiento.

Ejemplo

- Un operador logístico recubre el suelo de sus instalaciones con repelentes de suciedad y disminuye su gasto en limpieza en 10.000 €/año.
- Una distribuidora utiliza envases modificados con nanotecnología para retrasar el envejecimiento de frutas y verduras hasta tres semanas.

Solución

Algunas de las aplicaciones más conocidas de la nanotecnología son:

- Envases inteligentes, más resistentes y que pueden transmitir datos (trazabilidad, calidad del contenido, etc.).
- Sensores invisibles, que permiten controlar mejor los procesos.
- Materiales resistentes y de superficies que repelen la suciedad para crear estructuras.
- Embalajes que alargan la vida del producto biológico.
- Estructuras capaces de transmitir energía a bajo costo para vehículos de almacén.
- Detectores de sustancias nocivas.

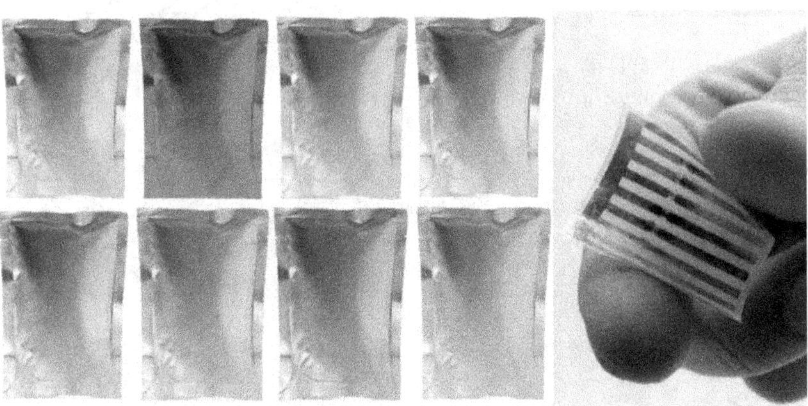

La manipulación modular en almacenes para transporte terrestre

Se denomina manipulación modular de almacén a una técnica mediante la que, en lugar de trabajar con multitud de cargas sueltas (cajas, palés, sacos, etc.), **se introducen las cargas individuales en elementos modulares, tales como contenedores o depósitos,** para los movimientos u operaciones en el proceso de almacenamiento.

La filosofía es similar a la del contenedor marítimo, ferroviario o terrestre, agrupando mercancías y moviendo unidades de carga de mayor dimensión.

Ejemplo

Una pequeña empresa de mensajería local no tiene personal de almacén. Para agilizar los procesos de trabajo, recibe módulos de entre 1 y 12 m³ con multitud de sobres y pequeños paquetes o palés en su interior, que los propios transportistas cargan desde el camión de llegada hasta sus vehículos, sin necesidad de realizar otras manipulaciones.

Uso

A pesar de utilizarse desde hace muchos años, el uso de sistemas modulares en el transporte terrestre no ha conseguido estandarizarse, como sucede en otros modos de transporte. Los pasos para valorar su uso son:

1. Seleccionar o diseñar los elementos modulares que se pretende utilizar y verificar que se podrán usar en todas las partes de la cadena (transporte de entrada, almacén y transporte de salida).
2. En caso contrario, definir los cambios necesarios para poder operar integralmente con los elementos modulares.
3. Realizar un plan de inversión **(ficha B4)** analizando la viabilidad del cambio.
4. Realizar un plan de acción para su implementación **(fichas B2 y B3).**

Uso del contenedor Conex durante la guerra de Corea (1952).

El análisis «qué pasa sí» como herramienta de eliminación de riesgos

El sistema de análisis «qué pasa si» es una herramienta para considerar posibles riesgos y establecer pautas para eliminarlos. A través de ella se pueden **simular distintas situaciones o casuísticas y determinar qué tipo de peligros pueden generarse,** con sus correspondientes costos adicionales, a fin de determinar qué hacer en cada caso para minimizarlos.

Ejemplo

Una empresa de transporte chilena es responsable de un tráfico de suministro continuo entre una mina de cobre de Rancagua y el puerto de Valparaíso. Suele tener incidencias debido a retrasos y otros factores, lo que genera relaciones muy tensas con su cliente. Decide hacer un equipo de trabajo y desglosar diferentes escenarios «qué pasa si» con el fin de determinar riesgos. Descubre que no están preparados para siete posibles escenarios y deciden establecer planes de contingencia para cada uno de ellos.

Uso

Este sistema de análisis suele aplicarse mediante reuniones, con los siguientes pasos:

1. Definir el ámbito de estudio.
2. Recopilar información histórica o relevante.
3. Convocar un grupo de trabajo y exponerle los datos recopilados.
4. Plantear al grupo distintos escenarios «qué pasa si» para que analicen consecuencias.
5. Se pide al grupo que realice recomendaciones para realizar una operativa adecuada.
6. Se establecen planes de contingencia **(ficha E23).**

¿Qué pasa si...?	Riesgos o consecuencias negativas	Recomendaciones
Hay un adelanto en la salida del buque y no se ha llevado toda la mercancía solicitada hasta el puerto, ni hay vehículos suficientes para poder llevarlo todo en el plazo que reste	• Sanciones por flete muerto que puedan repercutirse • Posible pérdida de la cuenta • Impacto negativo en la imagen de marca	• Trabajar siempre sobre la peor fecha posible • Buscar colaboradores alternativos para aumentar la capacidad de envíos • Mejorar la comunicación con la naviera • Negociar más días operativos en el puerto para poder llevar antes las cargas
Hay un problema climatológico importante que impide la circulación durante unos días	• Imposibilidad de cumplir el suministro previsto a puerto • Posibles sanciones y controversias con el cliente	• Realizar cuadros de capacidades • Tener en cuenta en la programación las previsiones meteorológicas • Establecer acuerdos para lograr medios de refuerzo compensatorios • Tener un stock de seguridad en el puerto

G

Técnicas y fórmulas de estiba de mercancías

El ahorro de costos en la estiba

Se denomina estiba a la acción de **planificar, manipular, cargar y fijar una mercancía** adecuadamente a un vehículo para el transporte seguro hasta su destino, en el interior de cualquier modo de transporte.

Existen numerosas técnicas, normativas y herramientas, y saber cuál puede ser su correcta aplicación es con frecuencia una tarea difícil de resolver.

Aplicabilidad

La metodología AURUM tiene un enfoque internacional. Por este motivo, en esta unidad didáctica vamos a ver:

- Conceptos y definiciones básicos sobre la estiba.
- Normativas principales en diferentes áreas geográficas y modos de transporte.
- Cálculo de técnicas de estiba para transporte de mercancías en camión y en contenedor.
- Medios para ahorrar costos en la estiba.

En los apartados 3 y 4, se han elegido las normativas que hemos considerado que pueden tener una más fácil aplicación en cualquier lugar del mundo para los distintos modos de transporte.

Regulación

Dado que en el transporte ferroviario y aéreo no se suelen aplicar cálculos, sino instrucciones sobre cómo estibar diferentes tipos de mercancías, nos centraremos en la estiba en camión y en contenedor. Entre las diferentes regulaciones, apostamos por la EN 12195-1:2010 y el Código CTU 2014 IMO ILO UNECE, ya que son las que se emplean en un mayor número de países.

¿Cómo se regula la estiba?

Hay diferentes tipos de normativas. Pueden ser de **cumplimiento voluntario** u obligatorio y se pueden clasificar en los siguientes grupos:

Regulación

	¿Qué son?	Ejemplos
Normas técnicas 	Son desarrollos técnicos que proporcionan fórmulas, valores, conceptos y criterios para realizar los cálculos de estiba necesarios, en diferentes circunstancias y condiciones técnicas.	EN12195-1:2003, EN12195-1:2010, Código CSS IMO, Código CTU 2014 IMO ILO UNECE, VDI2700, *Australia Load Restraint Guide 2004*, *New Zealand Truck Loading Code 2011*, *North American Cargo Securement Standard*.
Recomendaciones 	Se trata de documentos didácticos, cuyo propósito es comunicar los contenidos de las normas técnicas de una manera sencilla, de modo que faciliten su aprendizaje y aplicación práctica.	*Guía europea de mejores prácticas sobre sujeción de cargas para el transporte de carretera*, *Código de buenas prácticas para la estiba segura de la carga* de la IRU, *Guía europea de buenas prácticas para los transportes especiales*, *Lastsäkring Guide TYA*.
Normas públicas 	Conjunto de convenios internacionales, directivas, leyes u otro tipo de reglamentación pública de obligado cumplimiento. Su incumplimiento es sancionable.	Código ADR, Directiva 47/2014 EU, RD 1032 España, Convenio CMR, Convenio SOLAS, etc. En algunos casos las normas son muy restrictivas (Alemania, Nueva Zelanda, Suecia, etc.). Sin embargo en la mayoría de países no hay normativas específicas.
Normas privadas 	Son obligaciones que se establecen entre varias partes a nivel privado. Entran dentro del ámbito contractual y pueden regularse a través del derecho mercantil.	Las cláusulas de un contrato, los términos y las condiciones, las guías de estiba *(guidelines)* enviadas por los porteadores para indicar cómo hay que cargar, el condicionado de un seguro de mercancías, etc.

Las técnicas de estiba

Existen dos familias de técnicas de estiba: fricción y restricción:

- **Fricción.** Fija la mercancía al suelo mediante fricción y presión.

- **Restricción.** Inmoviliza la carga a través de la resistencia de amarres, paredes o dispositivos de bloqueo. Se divide en tres subfamilias:

  - **Contención:** contiene la mercancía mediante un vehículo o una unidad de transporte intermodal (UTI).

  - **Restricción / sujeción:** retiene la mercancía por la resistencia del trincaje.

  - **Bloqueo:** inmoviliza la carga mediante sistemas de bloqueo.

Además de estas técnicas, existen otras que pueden clasificarse según los dispositivos que se empleen.

Cuando se utilizan dos o más técnicas al mismo tiempo, se conoce como **técnica combinada.**

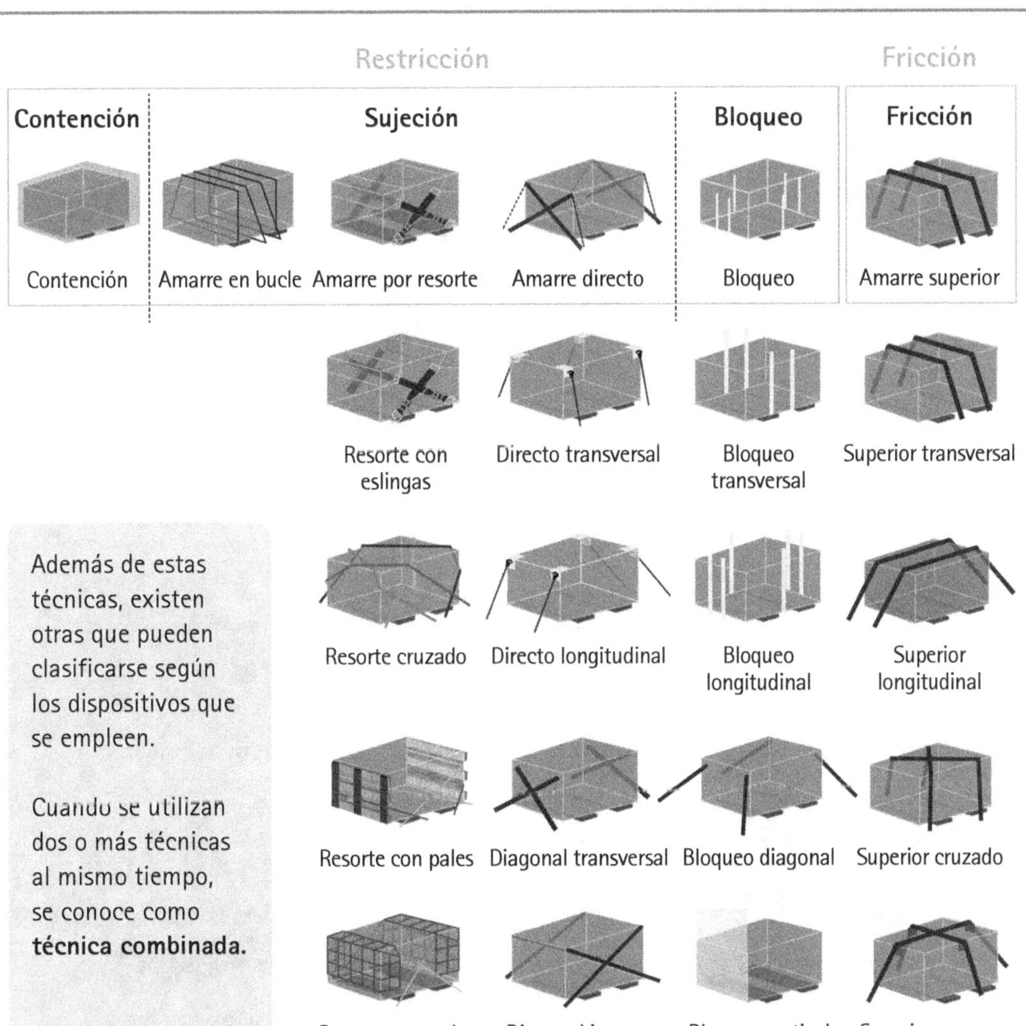

Dispositivos de estiba

Antes de abordar el cálculo o las técnicas de estiba, conviene conocer una serie de nociones previas, como la interpretación y selección de los dispositivos de estiba o los conceptos técnicos básicos.

Tipología

Dispositivos más empleados en las técnicas de **amarre:**

Cintas de amarre

Cadenas de amarre

Cables de acero

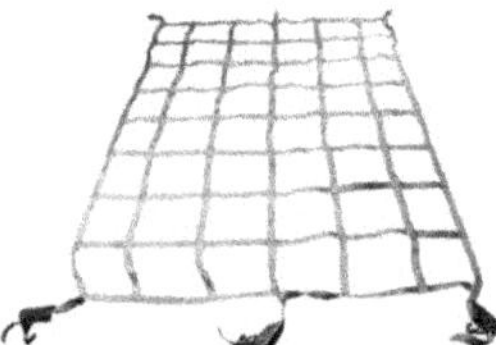

Redes y lonas de amarre

Cintas textiles o sintéticas de un uso

Grilletes, conexiones y cáncamos

Dispositivos más empleados en las técnicas de **bloqueo:**

Barras y tablas de bloqueo

Madera para estiba

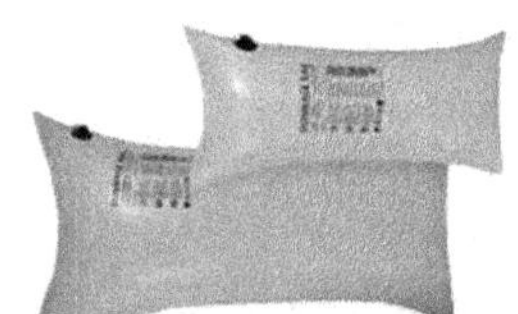

Bolsas de estiba

Bloqueos sintéticos

Relleno con cartón de celda *(voidfiller)*

Bloqueos metálicos

¿Cómo interpretar la etiqueta de una cinta de amarre?

Además de conocer los dispositivos, hay que saber interpretarlos y obtener de ellos la información necesaria para realizar los cálculos de estiba o la elección correcta. Veamos cómo interpretar las etiquetas de las cintas de amarre.

Análisis

Cada país tiene una regulación sobre la información que deben portar los diferentes dispositivos de estiba o elevación. Los más utilizados para estiba en camión son las cintas de amarre. De acuerdo con la norma EN 12195-2, de uso generalizado, estos son los campos que deben reflejarse en las etiquetas y su significado:

Fabricante → **Nombre o símbolo del fabricante.**

CAL 097024324 → **Código de trazabilidad.**

EN 12195-2 → **Norma EN 12195-2:** son cintas de amarre fabricadas a partir de fibras químicas.

Fabricado el 12/05/2020 → **Año de fabricación.**

LC 2500 daN → **Capacidad de carga (LC,** *load capacity):* es la fuerza máxima que la cinta de amarre puede resistir en tracción recta.*

LC 5000 daN → **Fuerza manual normalizada (SHF,** *standard hand force):* *fuerza de operación manual de 500 N (50 daN sobre la etiqueta).

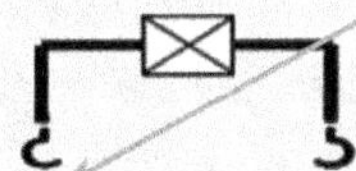

SHF 50 daN / STF 500 daN → **Fuerza de tensión normalizada (STF,** *standard tension force),* después de aflojar la manivela del trinquete o fuerza del cabrestante basado en el nivel al cual el dispositivo tensor ha sido sometido en el ensayo tipo, cuando se ha diseñado para amarre friccional.

Longitud: 5 m → **Longitud, en metros.**

Material: 100 % PES → **Material.**

Alargamiento: 5 % → **Alargamiento, en porcentaje.**

Made in Spain → **País de fabricación.**

No usar para elevar → **Aviso no uso para elevación.**

→ **El marcado CE,** en cualquier parte de la cinta, si es de fabricación europea.

* Se trata de los dos conceptos más significativos en las fórmulas de cálculo.

Conceptos previos: ¿cuándo sustituir una cinta de amarre?

En muchas ocasiones se utilizan cintas en mal estado, que deberían ser substituidas. Además de interpretar las cintas de amarre, hay que saber cuándo renovarlas. Si se realizan bien los cálculos de estiba, pero las cintas son defectuosas, se corre un riesgo que debe evitarse.

Se debe descartar y sustituir de inmediato una cinta con alguna de estas deficiencias:

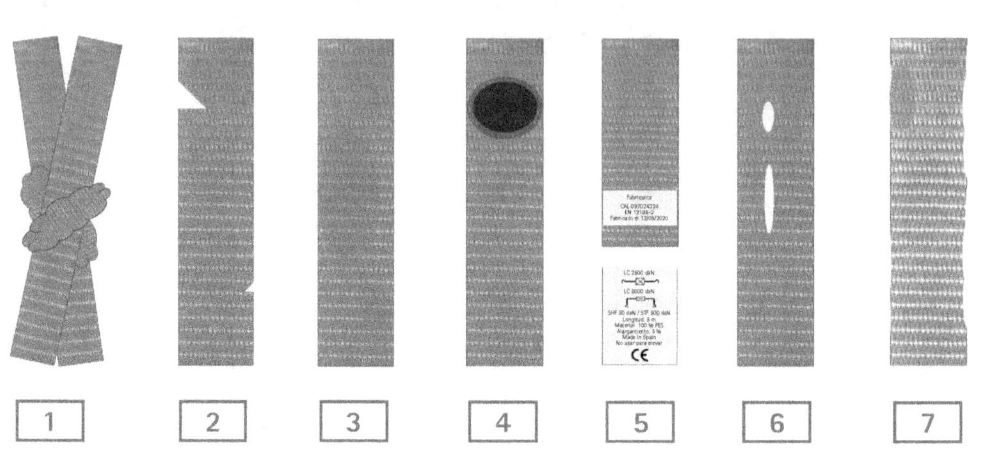

1. Cintas con nudo. Pierden hasta un 80 % de su capacidad de amarre (LC) y rompen por el nudo ante tensiones muy bajas. Nunca deben atarse.

2. Cortes en la cinta. Estos cortes hacen que la cinta pueda abrirse fácilmente ante cualquier tensión, perdiendo sus características físicas.

3. Manchas o contaminación química. Esto hace que varíe la naturaleza del material, disminuyendo su resistencia y propiciando que se rompa antes.

4. Quemaduras producidas por contacto con fuentes de calor. Esto cambia las propiedades de la cinta, produciendo un efecto similar al del corte.

5. Pérdida de etiqueta. Una cinta sin etiqueta no tiene trazabilidad en caso de accidente y no puede usarse correctamente al carecer de datos.

6. Agujeros en la cinta. Pueden haberse producido por perforación de la mercancía o del vehículo e inhabilitan la cinta para su uso.

7. Deterioro por luz ultravioleta y desgaste natural. La luz solar daña las cintas, que presentan un color más atenuado y están deshilachadas por los bordes.

Conceptos previos: elección del cable de acero

La norma internacional reguladora de los cables de acero más utilizada es la EN12195-4. El cable de acero se emplea en la **estiba de cargas pesadas** o en la de cargas que podrían dañar los amarres textiles. Se pueden usar una o varias veces, pero pierden capacidad de amarre con el tiempo y pueden adquirir deformaciones que impiden su uso adecuado. ¿Cómo elegir el cable adecuado?

Esquema de corte de un cable de acero para estiba. Los cables están compuestos de varias partes:

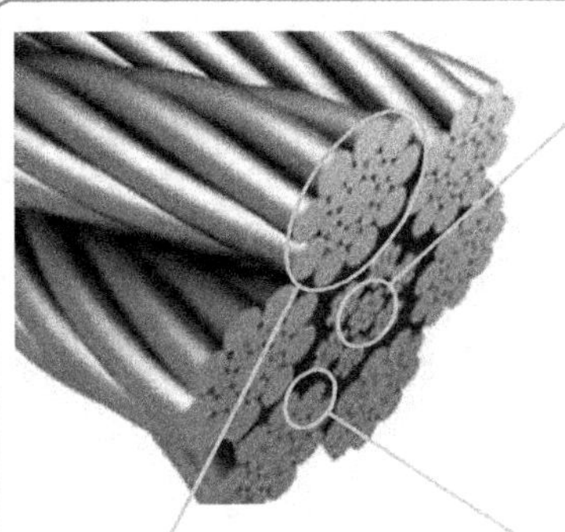

El **alma** es el núcleo central. Se deben elegir los materiales del alma en función del uso que se vaya a dar al cable:

- **Metal resistente y poco flexible,** si va a emplearse para cargas abrasivas.
- **Metal flexible,** si es necesario un cable que se adapte bien a la mercancía, aunque se desgaste antes.
- **Textil,** si se desea flexibilidad y que no se oxide el interior del cable al mojarse (exterior).
- **Plástico,** si se precisa flexibilidad e impermeabilidad en el interior (si hay riesgo de mojadura o hielo).

Los **torones** son grupos de alambres que se agrupan alrededor del alma hasta formar un cable:

- Los torones grandes permiten que el cable posea mayor resistencia a la abrasión.
- Los torones más pequeños hacen que el cable sea más flexible.

Los **alambres** son los hilos finos que se agrupan hasta conformar la estructura del torón:

- Se debe elegir que los alambres sean finos y numerosos si es necesario un cable flexible, aunque poco resistente a la abrasión.
- Los alambres serán más gruesos y en menor número, si se precisa un cable resistente a la abrasión, pero poco flexible.

Proceso

¿Cómo elegir el cable más adecuado?:

1. Definir la carga máxima de sujeción necesaria **(ficha G8).**

2. Elegir el cable más adecuado según la carga máxima de sujeción indicada por el fabricante.

3. Si el fabricante solo indica la resistencia a la rotura, se deben realizar los pasos indicados en la ficha ... y proceder posteriormente a la elección.

Conceptos previos: MBL, BS, MSL y SF

En algunos elementos utilizados en la estiba de las cargas existen una serie de conceptos comunes que es importante conocer.

Resistencia de rotura *(breaking strength* o **BS)** o **mínima carga de rotura** *(minimum break load* o **MBL)** es la fuerza que puede resistir un material de trincaje sin romperse. Se indica normalmente en toneladas, pero puede darse también en kilonewton (kN). Vemos un ejemplo en la foto inferior.

Carga máxima de sujeción *(maximum securing load* o **MSL)**. Es la carga máxima a la que puede ser expuesto un amarre. La MSL puede darse en toneladas o en kN. No figura en todos los dispositivos, pero sí en las cintas textiles de un solo uso, como se aprecia en la imagen.

Factor de seguridad *(safety factor* o **SF)**. Es un coeficiente de seguridad sobre la MBL y su valor MSL, con el fin de corregir posibles malos usos y evitar trabajar al límite. El SF se da en porcentaje sobre la MSL como se muestra en la tabla inferior, donde se exponen los SF indicados en el Código CTU 2014 IMO ILO UNECE.

Material de trincaje	Factor de seguridad (SF) sobre la MSL
Grilletes, anillas y tensores de acero	50 % de la resistencia a la rotura
Cordelería	33 % de la resistencia a la rotura
Cinta de amarre textil reutilizable	50 % de la resistencia a la rotura
Cable de acero de un solo uso	80 % de la resistencia a la rotura
Cable de acero reutilizable	30 % de la resistencia a la rotura
Fleje de acero de un solo uso	70 % de la resistencia a la rotura
Cadenas	50 % de la resistencia a la rotura
Madera de estiba	0,3 kN compresión perpendicular a la veta 0,2 kN compresión paralela a la veta
Cinta de amarre textil de un solo uso	75 % de la resistencia a la rotura
Bolsa de aire hinchable de un solo uso	75 % de la resistencia a la rotura
Bolsa de aire hinchable reutilizable	50 % de la resistencia a la rotura

Conceptos previos: la carga segura de trabajo

Hay algunos elementos que se pueden emplear para elevar y estibar cargas, como los grilletes, los cables de acero, las cadenas o los cáncamos, entre otros. En estos dispositivos suele indicarse la **carga segura de trabajo** o **SWL** *(safe working load)*.

La carga segura de trabajo o SWL, también se conoce como **límite de carga de trabajo** *(working load limit* o **WLL)**, y se aplica para la carga segura en trabajos de elevación. Para evitar riesgos, se trabaja con unos **factores de seguridad** *(security factors* o **SF)** más altos que los requeridos cuando se emplean estos mismos dispositivos para la estiba.

Ejemplos de factores de seguridad (varían según la norma de fabricación):

- Cables de acero: SF=5.
- Cadenas de acero: SF=4.
- Grilletes de acero: SF=5.
- Eslingas textiles: SF=7.

Por ello, si el dispositivo se emplea para estiba, hay que utilizar el factor de seguridad o SF de estiba, ya que de lo contrario los cálculos serían incorrectos.

Ejemplo

Se desea emplear un grillete para sujetar una pala a un camión. Pero se desconoce si resistirá 38 t.

En su superficie indica WLL = 25 t, para elevación SF = 5.

Solución:

Paso 1. Calcular la BS: 25 t × 5 = 125 t.

Paso 2. Para estiba se tomaría esa BS y se multiplicaría por su MSL (50 % en este caso). Es decir:

MSL = 125 t × 50 % = 62,5 t.

Como se necesita sujetar 28 t y el grillete aguanta 62,5 t para estiba, no ha de haber ningún problema.

Conceptos previos: conceptos que se utilizan en cálculos de estiba

Existen diversos conceptos que deben conocerse para realizar sin dificultad cálculos de estiba. Es conveniente familiarizarse con ellos para poder **reducir drásticamente los dispositivos necesarios** o sus requerimientos.

Desarrollo

Estos son los conceptos más utilizados en las fórmulas de estiba:

1. Las **fuerzas G,** son aquellas aceleraciones a que puede someterse cualquier mercancía durante el transporte, en comparación con la fuerza de la gravedad.

2. La **masa** se mide en kilogramos y corresponde al peso bruto de la mercancía. El impacto de la masa varía en función de la técnica empleada o las características de la carga (centro de gravedad, volumen, etc.).

3. La **capacidad de carga** *(load capacity* o **LC) (ficha G5)** es la fuerza máxima que la cinta de amarre está diseñada para resistir en tracción recta. Este dato aparece en las etiquetas de las cintas de amarre reutilizables o en las cintas de amarre textil.

4. La **fuerza de tensión normalizada** *(standar tension force* o **SFT) (ficha G5)** es la que se ha obtenido en un ensayo para un determinado dispositivo tensor. Cuanto mayor sea la tensión que se aplique, menor será el número de elementos de trincaje requeridos.

5. El **ángulo** es el espacio de giro comprendido entre el suelo del vehículo y la trinca. Cuanto más se aproxime a los 90°, menor número de trincas se requerirán.

6. La **fuerza de bloqueo** o **FB** se mide en decanewtons (daN) y es aquella que ejerce un objeto contra una mercancía, de manera que esta quede total o parcialmente inmovilizada por su efecto. A mayor FB, menor o ningún número de trincas.

7. La fuerza de **fricción** es una valiosa aliada, pues cuanto mayor sea el coeficiente de fricción (es decir, cuanto más se aproxime a 1) menor número de trincas o menor esfuerzo se requerirán **(ficha G14).**

Las fuerzas G pueden ser contrarrestadas por medio de los apoyos a la sujeción de igual fuerza.

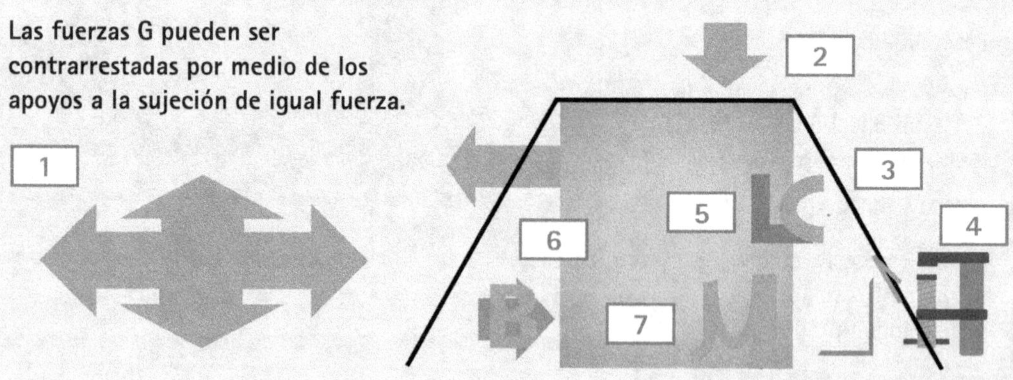

¿Qué es y cómo se construye la unidad de estiba?

La unidad de estiba es con frecuencia el resultado de transformar diversos bultos sueltos en uno solo mediante **técnicas de sujeción, bloqueo** o **contención.** De este modo, dicha unidad puede ser estibada de manera individual, sin que los elementos que la componen puedan separarse.

Análisis

Los bultos sueltos suelen ofrecer dificultades de sujeción, ya que no se suele llegar a todos y porque al ejercer presión sobre ellos tienden a dispersarse y desequilibrarse. Por estos motivos, es conveniente hacer de los bultos sueltos un conjunto unido y uniforme, que pueda fijarse al vehículo mediante técnicas de estiba y trincaje.

Unificación de unidades de manutención. Suele realizarse mediante elementos de unión, como flejes, film estirable, redes, etc. El resultado es la unidad básica de estiba o conjunto primario.

Unificación de pares. Se agrupan conjuntos primarios por parejas, con espacios a los lados. Suelen agruparse mediante cintas de un solo uso, cintas adhesivas, film estirable, redes, etc.

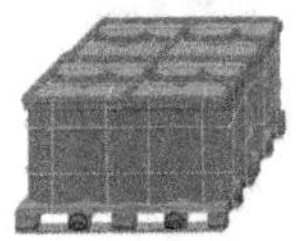

Unificación de lotes. Se aplica cuando hay que transportar lotes de conjuntos primarios con espacios a los lados. Pueden unificarse mediante trincas (cintas de amarre sin fin, flejes textiles, etc.) o sistemas de bloqueo.

Unificación de conjuntos. Se aplica cuando todo el conjunto va a ser transportado con espacios a los lados. En estos casos, hay que buscar elementos que imposibiliten el movimiento interno de los bultos, tales como bolsas de aire, cintas adhesivas, cintas de un solo uso, cintas de amarre sin fin, bloqueos sintéticos, etc.

Cálculo

Según el tipo de técnica, se pueden utilizar los siguientes métodos de cálculo:

- **Restricción.** Tomar la masa de la carga que se ha de unificar y emplear amarres cuyas carga máxima de sujeción (MSL) en bucle o capacidad de carga (LC) sumen dicho peso. Por ejemplo, para 5 t corresponde un amarre de 5.000 daN.

- **Bloqueo.** La fuerza de bloqueo (FB) que se debe aplicar se calculará del modo que se indica en la **ficha G17,** considerando que interviene la fuerza de fricción.

- **Contención.** La fuerza de contención (en daN) debe ser indicada por el fabricante en la ficha del vehículo o de la unidad de transporte intermodal (UTI).

¿Qué es la Norma EN 12195-1 y qué técnicas regula?

Es una norma técnica emitida por el Comité Europeo de Normalización (CEN) que regula los dispositivos para la sujeción de la carga en vehículos de carretera. Es la más utilizada internacionalmente y consta de cuatro partes.

- EN 12195-1:2010 Seguridad 1. Cálculo de las fuerzas de fijación.
- EN 12195-2:2000 Seguridad 2. Cintas de amarre fabricadas a partir de fibras químicas.
- EN 12195-3:2001 Seguridad 3. Cadenas de sujeción.
- EN 12195-4:2004 Seguridad 4. Cables de amarre de acero.

Análisis

La EN 12195-1:2003 fue la primera versión de esta norma que pretendía unificar los criterios sobre la forma de fijar la carga en los vehículos en Europa.

Pasó a ser la base de la *Guía europea de mejores prácticas sobre sujeción de cargas para el transporte por carretera (2006),* y se aprobó como referencia en distintos países. Sin embargo, sus premisas eran tan restrictivas que su aplicación era casi imposible en la práctica, por el excesivo número de trincas requeridas, costos y tiempo necesario.

En 2010 se lanzó una segunda versión más aplicable: la EN 12195-1:2010, que se toma como referencia en Europa y en numerosos países de otros continentes.

Aplicabilidad

Esta norma aborda el cálculo de las siguientes técnicas:

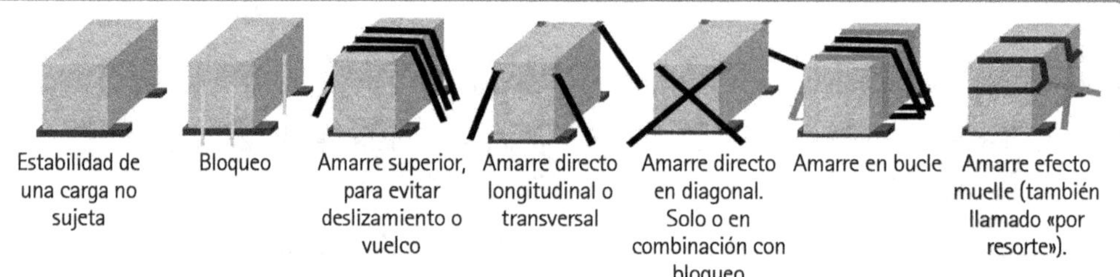

Las obligaciones legales en materia de conocimientos sobre estiba para personal de cargas y conducción son muy variadas, ya que dependen de cada país. No obstante, suele haber documentos oficiales que las resumen, como la NTP 1038, en el caso español.

¿Qué es la fricción y qué valores emplear en la EN 12195-1?

La **fuerza de rozamiento** o **fuerza de fricción** entre dos superficies en contacto es aquella que se opone al movimiento entre ambas superficies (fuerza de fricción dinámica) o la que se opone al inicio del movimiento (fuerza de fricción estática). Se representa con el símbolo µ y es un coeficiente que depende de las dos superficies que se rozan.

Solución

Cada norma presenta unos coeficientes específicos. El mínimo es 0 y el máximo 1. Estos valores son utilizados en infinidad de fórmulas para realizar cálculos de estiba y son fijadas tras realizar diferentes ensayos prácticos. Las normas suelen incluir métodos de ensayo para la obtención de nuevos coeficientes. Los valores de la EN12195-1 son los siguientes:

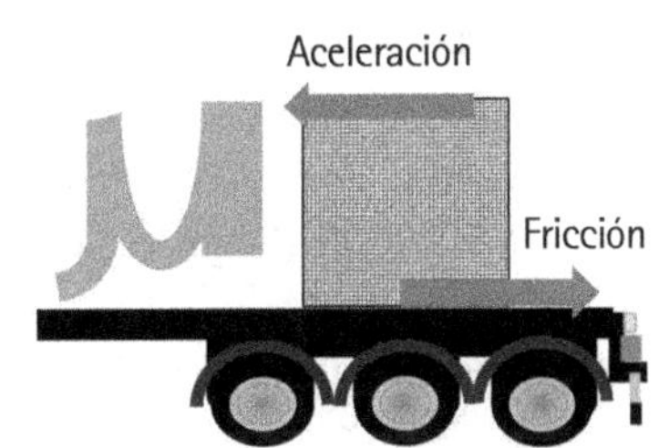

Suelo objeto o embalaje	Suelo de camión	µ
Madera serrada	Material laminado, contrachapado	0,45
	Aluminio ranurado	0,4
	Plástico retráctil	0,3
	Chapa de acero inoxidable	0,3
Madera lisa	Material laminado, contrachapado	0,3
	Aluminio ranurado	0,25
	Chapa de acero inoxidable	0,2
Paleta plástica	Material laminado, contrachapado	0,2
	Aluminio ranurado	0,15
	Chapa de acero inoxidable	0,15
Caja metálica	Material laminado, contrachapado	0,45
	Aluminio ranurado	0,3
	Chapa de acero inoxidable	0,2
Hormigón rugoso	Listones de madera serrada	0,7
Hormigón liso	Listones de madera serrada	0,55
Goma antideslizante (***)	Aplicable a cualquier suelo	0,6 (**)

(*) Superficie seca o húmeda pero limpia, sin aceite, hielo o grasa
(**) Puede usarse con $\int\mu = 1$ para amarre directo
(***) Cuando se utilizan materiales especiales para incrementar el rozamiento, como los materiales antiderrape, es necesario un certificado del factor de rozamiento µ

Aumentar la fricción entre la carga y el vehículo puede disminuir drásticamente el número de trincas. Esto se puede hacer:

- Colocando pequeñas tiras de material antideslizante.
- Potenciando el uso de embalajes o suelos de los vehículos con altos coeficientes de fricción.
- Usando chapas o estelas ranuradas bajo la mercancía.

¿Qué coeficientes de fuerzas G se emplean en la EN12195-1:2010?

Las fuerzas G, en estiba, son aquellas **aceleraciones a que se somete la mercancía** durante el transporte y que se miden en comparación a la fuerza de la gravedad (fuerza G $\cong$ 9,81m/s2) **(ficha G5).** De este modo, una fuerza 0,5 G sería la mitad de la fuerza de la gravedad.

Conceptos

- El Newton es la unidad de fuerza y equivale a un kilogramo, al aplicarle una aceleración de un metro por segundo al cuadrado.

$$1N = \frac{1\ kg}{1\ m/s^2}$$

- La fuerza de la gravedad es una aceleración ($9,81 m/s^2$) y de ello se deriva que, en la Tierra, se considere como la fuerza estándar a que se ve sometida toda masa. Así 1 kg tendría una fuerza G de (1 kg × 9,81 m/s^2) 9,81 N o, redondeando, 1 daN.

10 kg = 10 × 9,81 = 98,1 = 981 Newtons $\cong$ **10 daN**
1.000 kg = 1000 × 9,81 = 1981 Newtons $\cong$ **100 daN**
10.000 kg = 10000 × 9,81 = 9810 Newtons $\cong$ **10.000 daN**

Solución

Estos son los coeficientes por fuerzas G a emplear en la norma EN12195-1:2010:

	Dirección	Cx longitudinalmente		Cy transversalmente		Cz Verticalmente hacia abajo
		Hacia adelante	Hacia atrás	Solo deslizamiento	Inclinación	
Camión	Longitudinal	0,8	0,5			1
	Transversal			0,5	0,5	1

		Dirección	Cx longitudinalmente	Cy transversalmente	Cz mínimo verticalmente hacia abajo
Barco (zonas marítimas geográficas)	Zona A	Longitudinal	0,3		0,5
		Transversal		0,5	1
	Zona B	Longitudinal	0,3		0,3
		Transversal		0,7	1
	Zona C	Longitudinal	0,4		0,2
		Transversal		0,8	1

	Dirección	Cx longitudinalmente		Cy transversalmente	Cz mínimo verticalmente hacia abajo	
		Deslizamiento	Inclinación		Solo deslizamiento	Inclinación
Tren	Longitudinal	1	0,6		1	1
	Transversal			0,5	0,7	1

Para pasar estas fuerzas G a daN, se debe tomar el peso de la mercancía y aplicarlas. Por ejemplo, una mercancía de 14.000 kg que vaya en camión, proyectará 0,8G hacia delante (14.000 kg × 0,8 = 11.200 daN) y hacia los lados o hacia atrás (14.000 kg × 0,5) 7.000 daN.

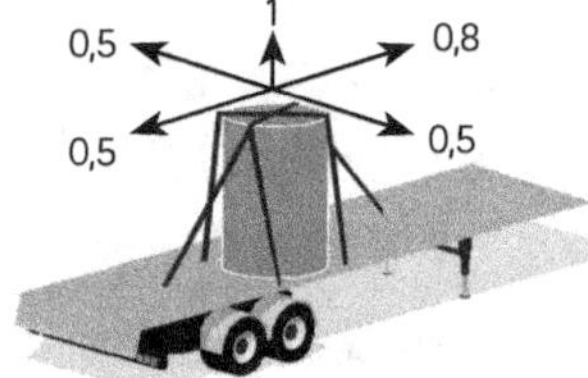

El bloqueo. Cálculo y ahorro de costos

Es una técnica de estiba que consiste en inmovilizar la carga mediante diversos dispositivos que, por su propia resistencia física, impiden que la mercancía se desplace.

Esta resistencia puede estar definida y homologada por el fabricante del dispositivo, o puede calcularse a partir de clavos u otros elementos similares.

Fórmulas

La fuerza de bloqueo se denomina F_B y es la fuerza ejercida por distintos tipos de dispositivos, tales como pivotes metálicos, bloqueos sintéticos, bolsas de estiba, voidfillers, cuñas de madera, etc. Se mide en newtons o decanewtons.

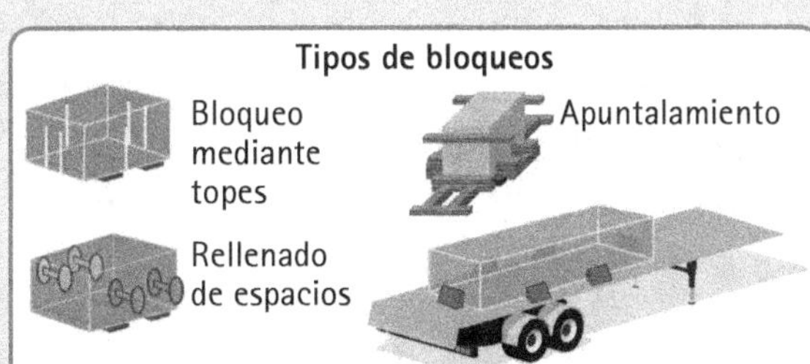

Para aplicar esta técnica basta con saber cuál es la F_B necesaria para inmovilizar una determinada carga y elegir el dispositivo que tenga dicha F_B. Se calcula mediante estas fórmulas:

Bloqueo longitudinal	Bloqueo transversal
$F_B = (c_x - \mu \times c_z) \times m \times g$	$F_B = (c_y - \mu \times c_z) \times m \times g$
• m = masa en kg.	• C_x, C_y o C_z son las fuerzas G aplicables
• μ = Coeficiente de fricción **(ficha G14).**	**(ficha G15).**

Ejemplo. Se quiere bloquear un cajón de maquinaria con cuñas de madera. El cajón es de madera aserrada y el piso del camión también, luego $\mu = 0{,}45$. El cajón pesa 8.900 kg. ¿Qué fuerza hay que aplicar para bloquearlo?

- **Calculo del bloqueo longitudinal:** $F_B = (0{,}8 - 0{,}45 \times 1) \times 8.900 \text{ kg} \times 9{,}81 \text{ m/s}^2$
  → $F_B = 3.056$ daN es la fuerza necesaria para bloquear la carga longitudinalmente.

- **Cálculo del bloqueo transversal:** $F_B = (0{,}5 - 0{,}45 \times 1) \times 8.900 \text{ kg} \times 9{,}81 \text{ m/s}^2$
  → $F_B = 436$ daN es la fuerza necesaria para bloquear la carga transversalmente.

Solución

Para reducir el número de bloqueos y sus costos derivados se puede:

1. Aplicar clavos mayores en caso de bloqueos con madera **(ficha G18).**
2. Aplicar antideslizante bajo la carga.
3. Usar bloqueos de mayor resistencia para reducir la cantidad necesaria.

Bloqueo para evitar el deslizamiento. Cálculo mediante tablas rápidas

Para calcular la fuerza de bloqueo (F_B) se pueden emplear las fórmulas que se analizan en la **ficha G15** o las tablas que se presentan a continuación. Este segundo método permite ver **múltiples resultados al mismo tiempo** y ayuda a elegir la mejor opción. Para utilizarlas, solo hay que seguir estos pasos:

1. Seleccionar en la primera columna los kilogramos del bulto o conjunto unificado a bloquear.
2. Seleccionar la fricción entre el suelo y la mercancía **(ficha G14).**

Con ello, se obtendrá los decanewtons necesarios para evitar el deslizamiento.

kg de la carga	Fuerza de bloqueo necesaria para evitar el deslizamiento hacia adelante en daN								
	Coeficiente de rozamiento μ (tabla de la ficha G14)								
	0,15	0,2	0,25	0,3	0,4	0,45	0,55	0,6	0,7
1000	638	589	540	491	392	343	245	196	98
2000	1275	1177	1079	981	785	687	491	392	196
3000	1913	1766	1619	1472	1177	1030	736	589	294
4000	2551	2354	2158	1962	1570	1373	981	785	392
5000	3188	2943	2698	2453	1962	1717	1226	981	491
6000	3826	3532	3237	2943	2354	2060	1472	1177	589
7000	4464	4120	3777	3434	2747	2403	1717	1373	687
8000	5101	4709	4316	3924	3139	2747	1962	1570	785
9000	5739	5297	4856	4415	3532	3090	2207	1766	883
10000	6377	5886	5396	4905	3924	3434	2453	1962	981
15000	9565	8829	8093	7358	5886	5150	3679	2943	1472
20000	12753	11772	10791	9810	7848	6867	4905	3924	1962
24000	15304	14126	12949	11772	9418	8240	5886	4709	2354
25000	15941	14715	13489	12263	9810	8584	6131	4905	2453

kg de la carga	Fuerza de bloqueo necesaria para evitar el deslizamiento hacia los lados en daN								
	Coeficiente de rozamiento μ (tabla de la ficha G14)								
	0,15	0,2	0,25	0,3	0,4	0,45	0,55	0,6	0,7
1000	343	294	245	196	98	49	Sin riesgo	Sin riesgo	Sin riesgo
2000	687	589	491	392	196	98	Sin riesgo	Sin riesgo	Sin riesgo
3000	1030	883	736	589	294	147	Sin riesgo	Sin riesgo	Sin riesgo
4000	1373	1177	981	785	392	196	Sin riesgo	Sin riesgo	Sin riesgo
5000	1717	1472	1226	981	491	245	Sin riesgo	Sin riesgo	Sin riesgo
6000	2060	1766	1472	1177	589	294	Sin riesgo	Sin riesgo	Sin riesgo
7000	2403	2060	1717	1373	687	343	Sin riesgo	Sin riesgo	Sin riesgo
8000	2747	2354	1962	1570	785	392	Sin riesgo	Sin riesgo	Sin riesgo
9000	3090	2649	2207	1766	883	441	Sin riesgo	Sin riesgo	Sin riesgo
10000	3434	2943	2453	1962	981	491	Sin riesgo	Sin riesgo	Sin riesgo
15000	5150	4415	3679	2943	1472	736	Sin riesgo	Sin riesgo	Sin riesgo
20000	6867	5886	4905	3924	1962	981	Sin riesgo	Sin riesgo	Sin riesgo
24000	8240	7063	5886	4709	2354	1177	Sin riesgo	Sin riesgo	Sin riesgo
25000	8584	7358	6131	4905	2453	1226	Sin riesgo	Sin riesgo	Sin riesgo

¿Cómo se calcula el número de clavos a usar en un bloqueo?

El elemento más utilizado en una operación de bloqueo es la madera. Para optimizar su uso es preciso **calcular la cantidad de madera o clavos que serán necesarios** para bloquear adecuadamente una determinada carga. Esto se puede calcular mediante el número de clavos necesarios.

Solución

Hay muchos tipos de clavos y, además, la fricción influye en su cálculo.

Por si ello no fuesen suficientes dificultades, la EN 12195-1 no trata este tema. Sin embargo, el curso modelo de la OMI 3.18 sí hace algunos cálculos al respecto. Por ello, la Unión Internacional del Transporte por Carretera (IRU) ha plasmado en su **Código de buenas prácticas para la estiba segura de la carga en el transporte por carretera** algunos de esos cálculos aplicados a la norma EN 12195-1 y a los clavos de 4".

	Peso de la carga (en toneladas) cuyo deslizamiento puede impedirse con cada clavo de 4" (10,16 cm)					
μ	Laterales en cada lado		Hacia delante		Hacia atrás	
	Liso	Galvanizado	Liso	Galvanizado	Liso	Galvanizado
0,2	0,36	0,53	0,18	0,26	0,36	0,53
0,3	0,55	0,8	0,22	0,32	0,55	0,8
0,4	1,1	1,6	0,27	0,4	1,1	1,6
0,5	Sin riesgo	Sin riesgo	0,36	0,53	Sin riesgo	Sin riesgo
0,6	Sin riesgo	Sin riesgo	0,55	0,8	Sin riesgo	Sin riesgo
0,7	Sin riesgo	Sin riesgo	1,1	1,6	Sin riesgo	Sin riesgo

Ejemplo

Para una carga de 7 t y un coeficiente de fricción de μ = 0,4, ¿cuántos clavos de 4" galvanizados será necesario colocar de manera transversal y longitudinalmente para bloquear la mercancía?

a) **Transversalmente:** 7 t / 1,6 t = 4,3 = 5 clavos por cada lado.
b) **Longitudinalmente hacia delante:** 7 t / 0,4 t = 17,5 = 18 clavos.
c) **Longitudinalmente hacia atrás:** 7 t / 1,6 t = 4,3 = 5 clavos por cada lado.

Además de colocar el número adecuado de clavos es importante clavarlos adecuadamente:

- En distintas direcciones.
- Separados 2 cm entre sí.
- Al menos el 60 % del clavo debe penetrar en el suelo.

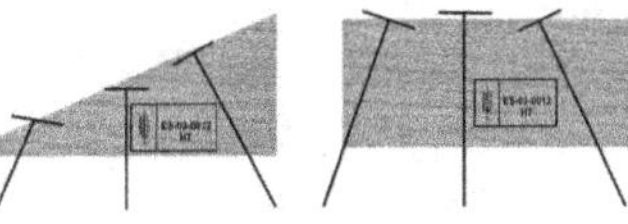

Ver también **ficha G18** sobre el sello fitosanitario en la madera

¿Qué es el sello fitosanitario y cómo debe colocarse e interpretarse?

La Organización de las Naciones Unidas para la Agricultura y la Alimentación, conocida también por sus siglas en inglés, FAO, emitió en 2002 la norma internacional NIMF-15, cuyo objetivo es la **regulación del embalaje de madera utilizado en el comercio internacional,** ante el grave riesgo de plaga. Esta norma regula los requisitos que deben cumplir entre sí los países para poder intercambiarse embalajes con seguridad, y define los certificados y sellos que debe portar la madera para su control.

El sello fitosanitario es un tipo de **marca que debe colocarse a toda madera de estiba o embalaje** no normalizado para certificar que ha sido tratada térmicamente para evitar cualquier transmisión de plagas. El tratamiento térmico consiste en calentar la madera en un lugar habilitado a 56° durante al menos 30 minutos.

Interpretación

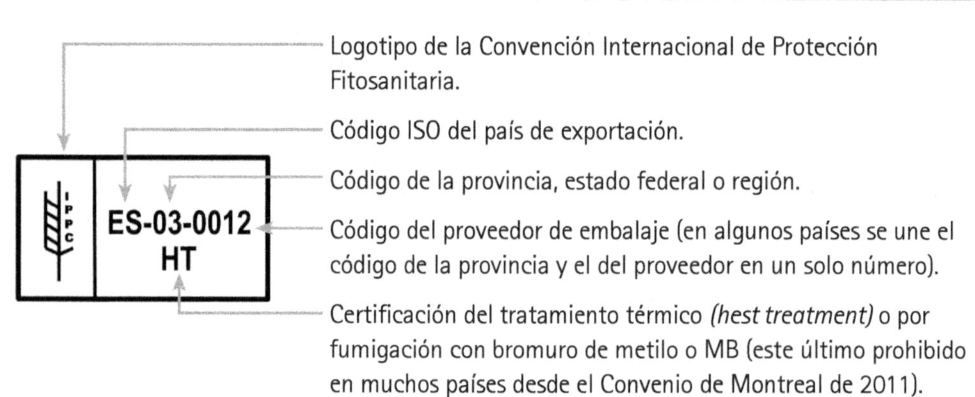

Logotipo de la Convención Internacional de Protección Fitosanitaria.

Código ISO del país de exportación.

Código de la provincia, estado federal o región.

Código del proveedor de embalaje (en algunos países se une el código de la provincia y el del proveedor en un solo número).

Certificación del tratamiento térmico *(hest treatment)* o por fumigación con bromuro de metilo o MB (este último prohibido en muchos países desde el Convenio de Montreal de 2011).

Colocación

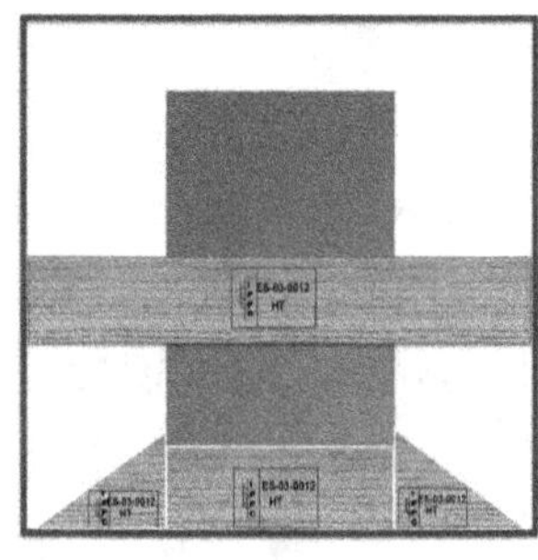

Debe colocarse de manera que sea fácilmente visible en las inspecciones. Si la carga es en contenedor, es recomendable que todos los sellos puedan verse al abrirlo.

En un embalaje homologado basta un sello por embalaje. Sin embargo, cada madera de estiba debe portar su correspondiente sello, de forma visible, por pequeñas que sean. En algunos países se permite el certificado de fumigación como prueba complementaria.

Amarre superior. Cálculo y ahorro de costos

Es una técnica de trincaje de las cargas que consiste en **pasar por encima de las mercancías unas trincas** (cintas, cables, cadenas, etc.), presionando en dirección vertical hacia abajo mediante tensión y aumento de la fricción. Puede ser longitudinal, transversal o cruzado.

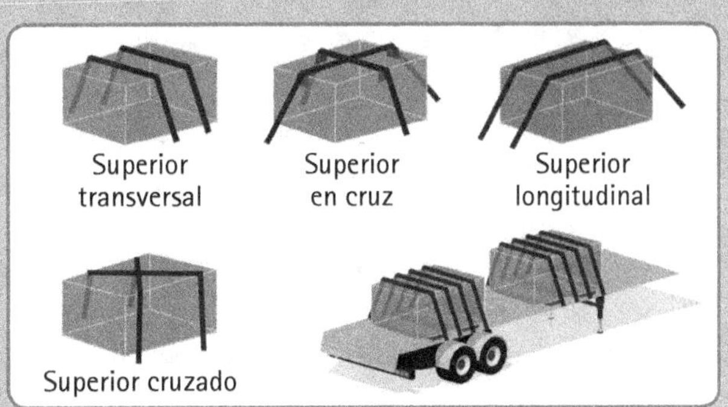

Fórmulas

La norma EN12195-1: 2010 presenta fórmulas para calcular el número de amarres necesarios para evitar el deslizamiento longitudinal o transversal. En la práctica, es recomendable que sea siempre longitudinal.

Número de amarres necesarios en amarre superior para evitar deslizamiento

Longitudinal

$$n = \frac{(c_x - \mu \times c_z) \times m \times g}{(2\,\mu \times \text{sen}\alpha \times F_T)} \times f_s$$

Transversal

$$n = \frac{(c_y - \mu \times c_z) \times m \times g}{(2\,\mu \times \text{sen}\alpha \times F_T)} \times f_s$$

- **La fuerza de tensión (F_T) o STF** (*standard tension force*), que viene reflejada en la etiqueta **(ficha G6)** en el caso de las cintas de amarre, o si se usan tensoras, se calcula a partir de las indicaciones del fabricante. Se mide en decanewtons (daN).
- El **ángulo α** es el que forma el suelo del vehículo con la trinca, en sentido vertical (ver tabla Anexo 1).

- **m** = masa en kg.
- **μ** = coeficiente de fricción **(ficha G14)**.
- **C_x, C_y o C_z** son las fuerzas G aplicables **(ficha G15)**.
- **f_s** es un coeficiente de seguridad. Se aplica 1,25 para el deslizamiento longitudinal hacia delante y 1,1 en el resto de direcciones.

Ejemplo. Se debe sujetar una máquina de 20 t. El ángulo α es de 80°. Se emplean cintas de amarre con una STF = 7500 N. El embalaje es de madera aserrada y el suelo del camión de aluminio rasurado (μ = 0,4). ¿Cuántos amarres se deben usar?

$$n = \frac{(c_x - \mu \times c_z) \times m \times g}{(2\,\mu \times \text{sen}\alpha \times F_T)} \times f_s \qquad n = \frac{(0,8 - 0,4 \times 1) \times 20.000 \text{ kg} \times 9,81 \text{ m/s}^2}{(2 \times 0,4 \times 0,984 \times 7.500 \text{ N})} \times 1,25 \qquad \boxed{n = 17 \text{ amarres}}$$

Solución

Para reducir el número de amarres y sus costos derivados se debe:

1. Elegir trincas de mayor fuerza de tensión o STF.
2. Aplicar antideslizante bajo la carga para aumentar la fricción.
3. Intentar conseguir un ángulo entre la trinca y el suelo lo más próxima posible a 90°.

Amarre superior para evitar el deslizamiento. Tablas rápidas

Aunque es conveniente conocer las fórmulas de cálculo, también es posible utilizar una **tabla de consulta rápida,** con los cálculos ya hechos, siguiendo estos pasos:

1. Seleccionar en la primera columna los kilogramos del bulto o conjunto unificado que se ha de sujetar.
2. Seleccionar la fuerza de tensión (STF) de las tensoras **(fichas G6 y G10).**
3. Señalar el ángulo ente el suelo y los amarres (o el más próximo al real, por debajo).
4. Seleccionar la fricción entre el suelo y la mercancía (tabla de la **ficha G14).**

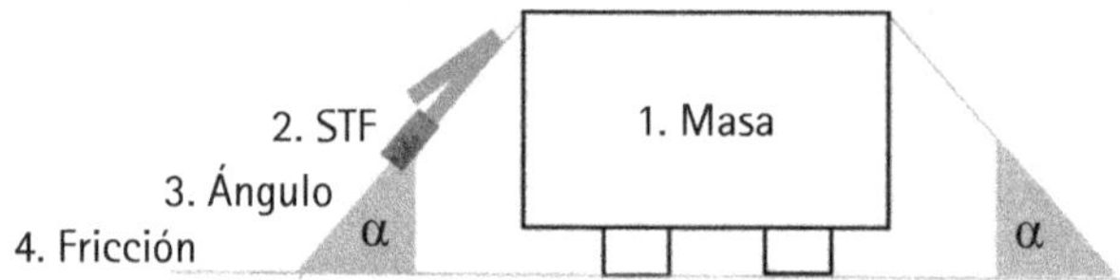

Nota: la tabla inferior es para evitar el deslizamiento hacia adelante por ser siempre mayor que el de los lados.

	STF	500 daN									750 daN									1.000 daN								
kg del bulto o conjunto	**Ángulo α**	45°			65°			90°			45°			65°			90°			45°			65°			90°		
	Fricción μ	0,3	0,4	0,6	0,3	0,4	0,6	0,3	0,4	0,6	0,3	0,4	0,6	0,3	0,4	0,6	0,3	0,4	0,6	0,3	0,4	0,6	0,3	0,4	0,6	0,3	0,4	0,6
1000		3	2	1	3	2	1	3	2	1	2	1	1	2	1	1	2	1	1	2	1	1	2	1	1	2	1	1
2000		5	3	1	5	3	1	5	3	1	4	2	1	4	2	1	4	2	1	3	2	1	3	2	1	3	2	1
3000		8	5	2	8	5	2	7	5	2	5	3	1	5	3	1	5	3	1	4	3	1	4	3	1	4	3	1
4000		10	6	2	10	6	2	10	6	2	7	4	2	7	4	2	7	4	2	5	3	1	5	3	1	5	3	1
5000		13	8	3	13	8	3	12	7	3	9	5	2	9	5	2	8	5	2	7	4	2	7	4	2	6	4	2
6000		15	9	3	15	9	3	14	9	3	10	6	2	10	6	2	10	6	2	8	5	2	8	5	2	7	5	2
7000		17	11	4	18	11	4	17	10	4	12	7	3	12	7	3	11	7	3	9	6	2	9	6	2	9	5	2
8000		20	12	4	20	12	4	19	11	4	13	8	3	14	8	3	13	8	3	10	6	2	10	6	2	10	6	2
9000		22	13	5	23	14	5	21	13	5	15	9	3	15	9	3	14	9	3	11	7	3	12	7	3	11	7	3
10000		25	15	5	25	15	5	23	14	5	17	10	4	17	10	4	16	10	4	13	8	3	13	8	3	12	7	3
11000		27	16	6	28	17	6	26	16	6	18	11	4	19	11	4	17	11	4	14	8	3	14	9	3	13	8	3
12000		29	18	6	30	18	6	28	17	6	20	12	4	20	12	4	19	11	4	15	9	3	15	9	3	14	9	3
13000		32	19	7	33	20	7	30	18	6	21	13	5	22	13	5	20	12	4	16	10	4	17	10	4	15	9	3
14000		34	21	7	35	21	7	33	20	7	23	14	5	24	14	5	22	13	5	17	11	4	18	11	4	17	10	4
15000		37	22	8	38	23	8	35	21	7	25	15	5	25	15	5	23	14	5	19	11	4	19	12	4	18	11	4
16000		39	24	8	40	24	8	37	22	8	26	16	6	27	16	6	25	15	5	20	12	4	20	12	4	19	11	4
17000		41	25	9	43	26	9	39	24	8	28	17	6	29	17	6	26	16	6	21	13	5	22	13	5	20	12	4
18000		44	26	9	45	27	9	42	25	9	29	18	6	30	18	6	28	17	6	22	13	5	23	14	5	21	13	5
19000		46	28	10	47	29	10	44	27	9	31	19	7	32	19	7	29	18	6	23	14	5	24	15	5	22	14	5
20000		49	29	10	50	30	10	46	28	10	33	20	7	33	20	7	31	19	7	25	15	5	25	15	5	23	14	5
21000		51	31	11	52	32	11	49	29	10	34	21	7	35	21	7	33	20	7	26	16	6	26	16	6	25	15	5
22000		53	32	11	55	33	11	51	31	11	36	22	8	37	22	8	34	21	7	27	16	6	28	17	6	26	16	6
23000		56	34	12	57	35	12	53	32	11	37	23	8	38	23	8	36	22	8	28	17	6	29	18	6	27	16	6
24000		58	35	12	60	36	12	55	33	11	39	24	8	40	24	8	37	22	8	29	18	6	30	18	6	28	17	6
25000		61	37	13	62	38	13	58	35	12	41	25	9	42	25	9	39	23	8	31	19	7	31	19	7	29	18	6

Número de amarres para evitar el deslizamiento hacia adelante mediante amarre superior

* S/R = Sin riesgo. Basta con la masa y la fricción para no deslizarse.

Amarre directo recto. Cálculo y ahorro de costos

Se denomina amarre directo recto a una técnica de estiba por restricción por la cual se sujeta un objeto mediante **trincas tensadas de manera longitudinal o transversal por pares,** en la misma dirección, pero sentido contrario, lo que genera un equilibrio de fuerzas.

Tanto la mercancía como el vehículo deben tener elementos homologados (cáncamos, puntos de anclaje, etc.) y adecuados para soportar la fuerza de las trincas.

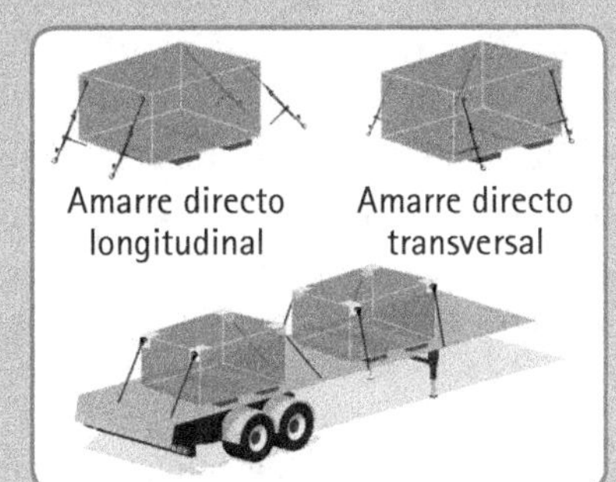

Fórmulas

El amarre directo recto puede ser **longitudinal,** cuando las trincas van en el mismo sentido que el vehículo, y **transversal,** cuando las trincas se colocan hacia los lados. Para aplicar este tipo de amarre suelen colocarse cuatro trincas de igual capacidad de carga o LC *(load capacity).* Para calcular la capacidad de cada trinca se emplean estas fórmulas:

Número de amarres necesarios en amarre superior para evitar deslizamiento

Amarre directo longitudinal

$$LC \geq m \times g \times \frac{(c_x - \mu \times f_\mu \times c_z)}{2 \times (\cos\alpha + \mu \times f_\mu \times \mathrm{sen}\,\alpha)}$$

Amarre directotransversal

$$LC = m \times g \times \frac{(c_y - \mu \times f_\mu \times c_z)}{2 \times (\cos\alpha + \mu \times f_\mu \times \mathrm{sen}\,\alpha)}$$

- El **ángulo** α es el que forma el suelo del vehículo con la trinca, en sentido vertical (ver tabla Anexo 1).
- m = masa en kg.
- g = gravedad (9,81 m/s^2).
- μ = coeficiente de fricción **(ficha G14).**

- f_μ = coeficiente de seguridad. Para este amarre es de 0,75.
- C_x, C_y o C_z son las fuerzas G aplicables **(ficha G16).**

Ejemplo. Se quiere amarrar un cajón de 2.000 kg, que dispone de cáncamos, mediante un amarre directo longitudinal o transversal con cintas de amarre. El ángulo resultante sería de 45°. El embalaje es de madera aserrada y el suelo del camión es de material laminado, así que la fricción es de 0,45. ¿Qué capacidad de carga debería tener cada cinta si se quiere aplicar un amarre transversal?

$$LC \geq m \times g \times \frac{(c_y - \mu \times f_\mu \times c_z)}{2 \times (\cos\alpha + \mu \times f_\mu \times \mathrm{sen}\,\alpha)} \qquad LC \geq 2.000 \times 9,81 \times \frac{(0,5 - 0,45 \times 0,75 \times 1)}{2 \times (0,71 + 0,45 \times 0,75 \times 0,71)} \qquad \boxed{LC \geq\ = 151\ \text{daN}}$$

Solución

Para reducir el costo del amarre directo recto es posible:

1. Aumentar la fricción con antideslizante bajo la carga.
2. Tratar de conseguir un ángulo entre la trinca y el suelo lo más cercano posible a 45°.
3. Usar trincas de capacidad de carga mayor, si se requiere más de cuatro, para reducir el total de trincas necesarias.

Amarre directo recto. Cálculo mediante tablas rápidas

El uso de tablas rápidas permite realizar el proceso inverso al cálculo mediante fórmulas. Se puede ver con facilidad qué **capacidad de carga tienen las trincas** que se quieren emplear y, asimismo, buscar en la tabla esta capacidad o la más similar, para ver qué ángulos y fricción se deberían aplicar para poder usarlas. También es posible comparar diversas opciones a la vez, para elegir la más adecuada a nivel económico u operativo. Se deben seguir estos pasos:

1. Elegir la columna con la fricción más aproximada a las opciones que se muestran.
2. Elegir la columna con el ángulo vertical α entre la trinca y el suelo
3. Seleccionar la columna con el ángulo transversal β que más se aproxime.
4. Buscar en la primera columna el peso del bulto.
5. Cruzar los datos.

El resultado será la capacidad de carga que deberá tener cada una de las cuatro trincas.

Capacidad de carga de cada trinca para inmovilizar una carga en amarre directo recto											
C. Fricción μ	0,3			0,4			0,45			0,6		
Ángulo α	20°	45°	70°	20°	45°	70°	20°	45°	70°	20°	45°	70°
1000	278	326	510	236	267	201	216	240	70	158	168	16
2000	556	652	1020	471	534	401	431	480	139	315	335	31
3000	833	977	1530	707	801	602	646	720	208	472	503	47
4000	1111	1303	2040	942	1068	802	861	960	277	629	670	62
5000	1389	1629	2549	1178	1335	1003	1076	1200	346	786	838	78
6000	1666	1954	3059	1413	1602	1203	1291	1440	415	943	1005	93
7000	1944	2280	3569	1649	1868	1404	1507	1680	484	1100	1173	109
8000	2221	2606	4079	1884	2135	1604	1722	1920	553	1257	1340	124
9000	2499	2931	4588	2120	2402	1805	1937	2160	622	1414	1508	140
10000	2777	3257	5098	2355	2669	2005	2152	2400	691	1571	1675	155
11000	3054	3583	5608	2591	2936	2205	2367	2639	760	1728	1843	171
12000	3332	3908	6118	2826	3203	2406	2582	2879	829	1885	2010	186
13000	3609	4234	6627	3061	3469	2606	2797	3119	898	2043	2178	202
14000	3887	4560	7137	3297	3736	2807	3013	3359	967	2200	2345	217
15000	4165	4885	7647	3532	4003	3007	3228	3599	1036	2357	2512	233
16000	4442	5211	8157	3768	4270	3208	3443	3839	1105	2514	2680	248
17000	4720	5537	8666	4003	4537	3408	3658	4079	1174	2671	2847	264
18000	4997	5862	9176	4239	4804	3609	3873	4319	1243	2828	3015	279
19000	5275	6188	9686	4474	5070	3809	4088	4559	1312	2985	3182	295
20000	5553	6514	10196	4710	5337	4009	4303	4799	1381	3142	3350	310
21000	5830	6839	10705	4945	5604	4210	4519	5038	1450	3299	3517	326
22000	6108	7165	11215	5181	5871	4410	4734	5278	1519	3456	3685	341
23000	6386	7490	11725	5416	6138	4611	4949	5518	1588	3613	3852	357
24000	6663	7816	12235	5651	6405	4811	5164	5758	1657	3770	4020	372
25000	6941	8142	12745	5887	6671	5012	5379	5998	1726	3928	4187	388

Amarre directo en diagonal. Cálculo y ahorro de costos

Es un método de restricción por el que se usan **dos conjuntos de dispositivos con ángulos diferentes.** El ángulo longitudinal β_x y el transversal β_y actúan de forma adicional al ángulo vertical α.

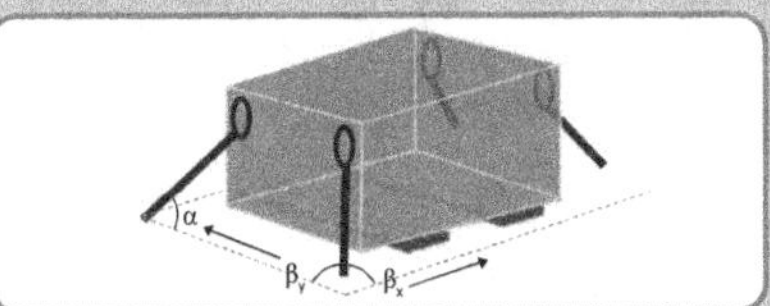

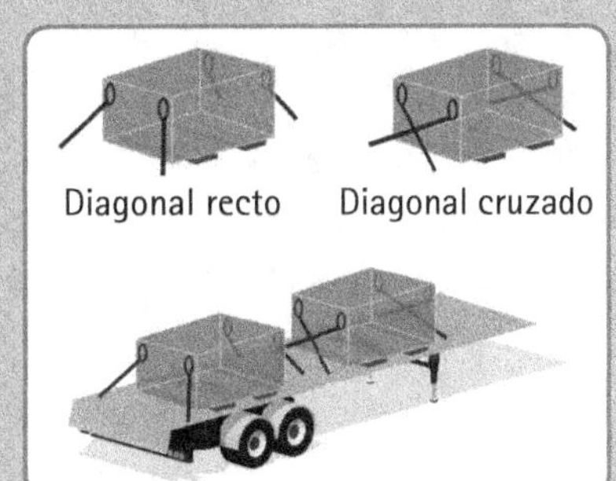

Fórmulas

Para aplicar este tipo de amarre se emplean cuatro trincas de igual capacidad de carga o LC *(load capacity)*. Para calcular la capacidad de cada trinca se utiliza esta fórmula:

$$LC \geq \frac{(c_x - \mu \times f_\mu \times c_z) \times m \times g}{2 \times (\cos\alpha \times \cos\beta_{x,y} + f_\mu \times \mu \times \sen\alpha)}$$

- El **ángulo α** es el que forma el suelo del vehículo con la trinca, en sentido vertical.
- El **ángulo β_x** es el formado entre el suelo y la trinca en sentido longitudinal.
- El **ángulo β_y** es el formado entre el suelo y la trinca en sentido transversal.
- μ = coeficiente de fricción **(ficha G14).**

- f_μ = coeficiente de seguridad. Para este amarre es de 0,75.
- **C_x, C_y o C_z** son las fuerzas G aplicables **(ficha G15).**
- **m** = masa en kg.
- **g** = gravedad (9,81 m/s²).

Véase Anexo 1 para cálculos de senos y cosenos.

Ejemplo. Se quiere transportar por camión y tren un cajón de 2.000 kg. El coeficiente de rozamiento μ es 0,4. El ángulo α es 50° y el ángulo β es 20° ¿Qué capacidad de carga debería tener cada cinta si se quiere aplicar un amarre diagonal?

Solución: Al ser intermodal, se debe tomar $C_x = 1$ y $C_y = 1$ **(ficha G15)** y calcular:

$$LC \geq \frac{(c_x - \mu \times f_\mu \times c_z) \times m \times g}{2 \times (\cos\alpha \times \cos\beta_{x,y} + f_\mu \times \mu \times \sen\alpha)} \qquad LC \geq \frac{(1 - 0,4 \times 0,75 \times 1) \times 2.000 \times 9,81}{2 \times (0,642 \times 0,939 + 0,75 \times 0,4 \times 0,766)}$$

$$\boxed{LC \geq 824 \text{ daN}}$$

Solución

Para reducir el costo del amarre directo en diagonal es posible:

1. Aumentar la fricción con antideslizante bajo la carga.
2. Intentar conseguir un ángulo α entre la trinca y el suelo lo más cercano posible a 90°.
3. Analizar en la tabla de la **ficha G24** qué combinación de ángulos $\beta_{x,y}$ es mejor para poder usar unas cintas de menor capacidad de carga y, por tanto, más económicas.

Amarre directo en diagonal. Cálculo mediante tablas rápidas

El uso de tablas rápidas permite realizar el proceso inverso al cálculo mediante fórmulas. Se puede **ver qué capacidad de carga tienen las trincas** que se quieren usar, así como buscar en la tabla esta capacidad o la que más se aproxime, para ver qué ángulos y qué fricción se deberían aplicar para utilizarlas. También es posible comparar diversas opciones a la vez, para elegir la mejor a nivel económico u operativo. Se deben seguir estos pasos:

1. Elegir la columna con la fricción más aproximada a las opciones que se muestran.
2. Elegir la columna con el ángulo vertical α entre la trinca y el suelo.
3. Seleccionar la columna con el ángulo transversal β que más se aproxime.
4. Buscar en la primera columna el peso del bulto y cruzar los datos obtenidos.

El resultado será la capacidad de carga que deberá tener cada una de las cuatro trincas.

Fricción	$\mu = 0,3$									$\mu = 0,6$								
Ángulo α	20°			45°			70°			20°			45°			70°		
Ángulo β	20°	30°	45°	20°	30°	45°	20°	30°	45°	20°	30°	45°	20°	30°	45°	20°	30°	45°
1000	294	317	381	343	366	428	530	556	623	166	178	210	175	185	210	231	239	258
2000	588	634	761	685	731	856	1059	1112	1245	332	355	420	350	369	420	462	478	517
3000	883	951	1142	1028	1097	1284	1589	1667	1868	497	533	630	524	554	630	693	717	775
4000	1177	1267	1523	1371	1463	1712	2119	2223	2490	663	710	840	699	738	839	923	955	1034
5000	1471	1584	1904	1714	1828	2140	2649	2779	3113	829	888	1050	874	923	1049	1154	1194	1292
6000	1765	1901	2284	2056	2194	2568	3178	3335	3735	995	1065	1260	1049	1107	1259	1385	1433	1550
7000	2059	2218	2665	2399	2560	2996	3708	3891	4358	1160	1243	1470	1224	1292	1469	1616	1672	1809
8000	2354	2535	3046	2742	2925	3424	4238	4446	4980	1326	1420	1679	1399	1476	1679	1847	1911	2067
9000	2648	2852	3426	3084	3291	3852	4768	5002	5603	1492	1598	1889	1573	1661	1889	2078	2150	2326
10000	2942	3169	3807	3427	3656	4280	5297	5558	6225	1658	1775	2099	1748	1845	2099	2308	2389	2584
11000	3236	3485	4188	3770	4022	4708	5827	6114	6848	1823	1953	2309	1923	2030	2309	2539	2627	2843
12000	3530	3802	4569	4113	4388	5136	6357	6670	7470	1989	2130	2519	2098	2214	2518	2770	2866	3101
13000	3825	4119	4949	4455	4753	5564	6887	7225	8093	2155	2308	2729	2273	2399	2728	3001	3105	3359
14000	4119	4436	5330	4798	5119	5992	7416	7781	8715	2321	2485	2939	2447	2583	2938	3232	3344	3618
15000	4413	4753	5711	5141	5485	6420	7946	8337	9338	2487	2663	3149	2622	2768	3148	3463	3583	3876
16000	4707	5070	6091	5483	5850	6848	8476	8893	9960	2652	2840	3359	2797	2952	3358	3693	3822	4135
17000	5001	5386	6472	5826	6216	7276	9005	9449	10583	2818	3018	3569	2972	3137	3568	3924	4061	4393
18000	5296	5703	6853	6169	6582	7704	9535	10004	11205	2984	3195	3779	3147	3321	3778	4155	4300	4651
19000	5590	6020	7233	6512	6947	8133	10065	10560	11828	3150	3373	3989	3322	3506	3988	4386	4538	4910
20000	5884	6337	7614	6854	7313	8561	10595	11116	12450	3315	3550	4199	3496	3690	4197	4617	4777	5168
21000	6178	6654	7995	7197	7679	8989	11124	11672	13073	3481	3728	4409	3671	3875	4407	4848	5016	5427
22000	6472	6971	8376	7540	8044	9417	11654	12228	13695	3647	3905	4618	3846	4059	4617	5079	5255	5685
23000	6767	7288	8756	7882	8410	9845	12184	12783	14318	3813	4083	4828	4021	4244	4827	5309	5494	5943
24000	7061	7604	9137	8225	8776	10273	12714	13339	14940	3978	4260	5038	4196	4428	5037	5540	5733	6202
25000	7355	7921	9518	8568	9141	10701	13243	13895	15563	4144	4438	5248	4370	4613	5247	5771	5972	6460

Amarre por resorte. Cálculo y ahorro de costos

Es una técnica de estiba que consiste en **sujetar la mercancía mediante trincas** que se colocan sujetando las esquinas y los bordes longitudinales o transversales, y se tensan de manera que se crucen entre sí hasta formar una X.

Tipos de amarres por resorte

El amarre por resorte es uno de los que más variedades tiene, ya que puede aplicarse de maneras muy diversas y sirve principalmente para evitar el vuelco o el desplazamiento de la carga en una determinada dirección.

Fórmulas

La fórmula que se debe aplicar para calcular el número de pares necesarios (n) es esta:

$$n \geq \frac{m \times g \times (c_x - c_z \times f_\mu \times \mu)}{F_R \times (\mu \times f_\mu \times \text{sen}\alpha + \cos\alpha \times \text{sen}\beta_{x,y})}$$

- El **ángulo α** es el que forma el suelo del vehículo con la trinca, en sentido vertical.
- El **ángulo β** es que forma el suelo del vehículo con respecto a la trinca, en sentido transversal.
- C_x, C_y o C_z son las fuerzas G aplicables **(ficha G15).**

- μ = coeficiente de fricción **(ficha G14).**
- f_μ = coeficiente de seguridad. Para este amarre es de 0,75.
- **m** = masa en kg.
- **g** = gravedad (9,81 m/s²).

Sin embargo, dado que usualmente se emplea una trinca por lado, se suele emplear más otra fórmula con la que es posible determinar si una trinca de una capacidad de carga específica puede soportar una determinada masa. Siempre que F_R = LC (medida en KN) $\beta_{x,y}$ = 0°, f_μ = **0,75,** α = 45°, y n = 2 (un par por cada lado), se puede utilizar esta fórmula:

$$m \text{ (en t)} = \frac{2 \times LC \times (\mu \times f_\mu \times \text{sen}\alpha + \cos\alpha)}{(c_x - \mu \times f_\mu \times c_z) \times g}$$

Ejemplo. Se pretende saber si unas determinadas cintas soportarán una carga embalada de 4 t, si LC = 5 KN (5.000 daN), α = 45, μ = 0,4.

$$m \text{ (en t)} = \frac{2 \times 5 \times (0,4 \times 0,75 \times 0,71 + 0,71)}{(0,8 - 0,4 \times 0,75 \times 1) \times 9,81}$$

$m = 1,88$ t; no sería suficiente

Solución

Para reducir el costo del amarre por resorte se puede:

1. Aumentar la fricción con antideslizante bajo la carga.
2. Usar trincas de más capacidad de carga, si se requiere más de cuatro, para reducir el total de trincas.

Amarre en bucle. Cálculo y ahorro de costos

Es una técnica de estiba por sujeción que consiste en pasar **pares de trincas por debajo o por arriba de la mercancía,** siempre de manera simétrica.

Es decir, cada trinca de la pareja ha de situarse en sentido opuesto a la otra, volviéndola a pasar hacia el mismo sitio del que salió, haciendo así un bucle. Esta técnica se utiliza principalmente para cargas muy largas, como tubos, perfiles o maderas, entre otras.

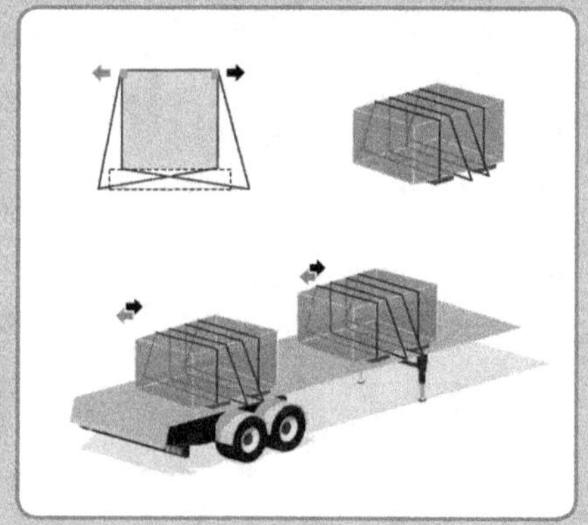

Fórmulas

Mediante la fórmula abajo indicada puede calcularse el número de parejas de amarres (n) necesarias para poder sujetar una determinada carga.

$$n \geq \frac{m \times g \times (c_y - c_z \times f_\mu \times \mu)}{F_R \times (\cos\alpha_1 \times \text{sen}\beta_{x1} + \cos\alpha_2 \times \text{sen}\beta_{x2} + f_\mu \times \mu \times \text{sen}\alpha_1 + f_\mu \times \mu \times \text{sen}\alpha_2)}$$

- El **ángulo α** es el que forma el suelo del vehículo con la trinca, en sentido vertical.
- El **ángulo β** es que forma el suelo del vehículo con respecto a la trinca, en sentido transversal.
- C_x, C_y o C_z son las fuerzas G aplicables **(ficha G15).**

- μ = coeficiente de fricción **(ficha G14).**
- f_μ = coeficiente de seguridad. Para este amarre es de 0,75.
- m = masa en kg.
- g = gravedad (9,81 m/s²).
- F_R = Fuerza de sujeción = LC

Ejemplo. Para una carga de un tubo de 12 t, el ángulo α_1 es de 75°, el α_2 de 20°, y los ángulos β_{x1} y β_{x2} son ambos de 38°. La fricción μ es 0,4. La capacidad de carga de las cintas a emplear es de 5.000 N ¿Cuántos pares de trincas son necesarios en un amarre en bucle?

$$n \geq \frac{12.000 \times 9,81 \times (0,5 - 1 \times 0,75 \times 0,4)}{5.000 \times (0,26 \times 0,62 + 0,94 \times 0,62 + 0,75 \times 0,4 \times 0,97 + 0,75 \times 0,4 \times 0,34)}$$

$$n \geq 3,5 = 4 \text{ parejas*}$$

* En este caso, son necesarias 4 parejas de trincas. Es decir, 4 trincas por cada lado transversal.

Solución

Para reducir el costo del amarre en bucle se puede:

1. Aumentar la fricción con antideslizante bajo la carga.
2. Usar trincas de más capacidad de carga.

Amarre por red o toldo de estiba. Cálculo y ahorro de costos

Este tipo de amarre consiste en presionar la mercancía mediante una red o toldo de estiba homologada y con una capacidad de carga establecida por el fabricante para cada masa.

Es una técnica muy recomendada para sujetar bultos sueltos y suele aplicarse en paquetería o transporte de sacos y, especialmente, en el transporte aéreo de carga.

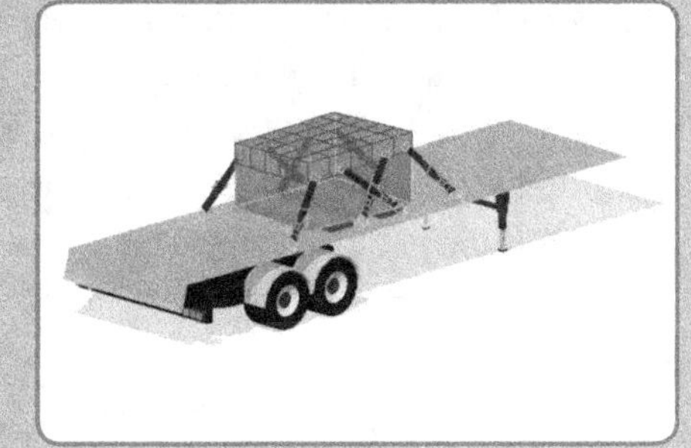

Cálculo

Debe consultarse el catálogo de cada fabricante para saber qué masa puede sujetarse, en función de:

- El **ángulo** α es el que forma el suelo del vehículo con la trinca, en sentido vertical.
- El **ángulo** β es que forma el suelo del vehículo con respecto a la trinca, en sentido transversal.
- **m** = masa en kg.

Ejemplo. Tomando una carga de 5 t, el ángulo α es de 20° y el β de 55°. La fricción μ es 0,3.

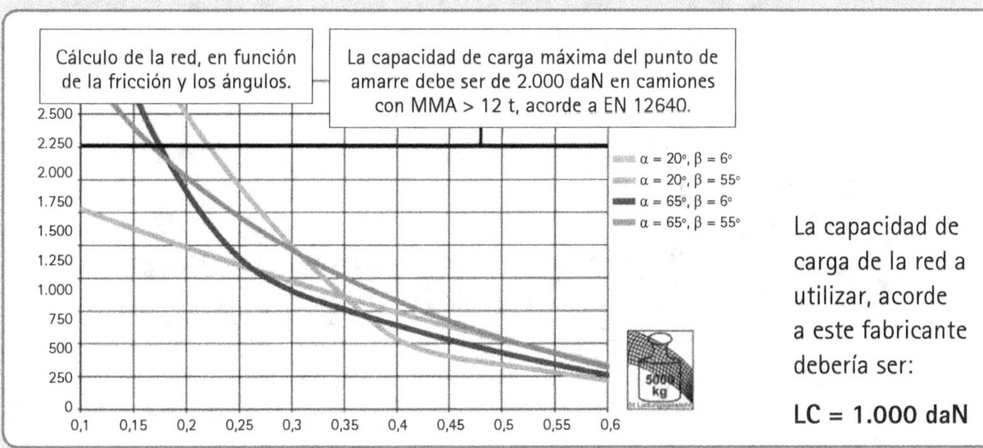

La capacidad de carga de la red a utilizar, acorde a este fabricante debería ser:

LC = 1.000 daN

Solución

Para reducir el costo del amarre por red o toldo de estiba se puede:

1. Aumentar la fricción con antideslizante bajo la carga.
2. Usar trincas de más capacidad de carga.

La resistencia de los semirremolques según EN 12642: 2006 L y XL

Esta norma aborda la **fijación de la carga en vehículos de carretera.** Concretamente, los requisitos mínimos exigibles a la estructura de la carrocería de los vehículos comerciales de más de 3,5 t de MMA. Es de gran interés para saber cuánto resistirá lateral y longitudinalmente el vehículo, sin ningún tipo de sujeción. Hay dos normas, la L y la XL, según la exigencia.

Porcentaje de carga útil que deben resistir las paredes laterales:

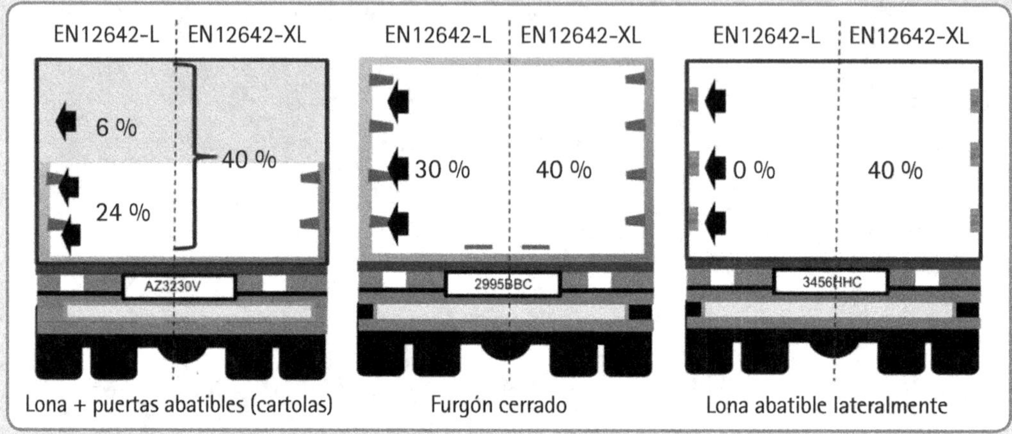

Porcentaje de carga útil que deben resistir el testero y las puertas traseras.

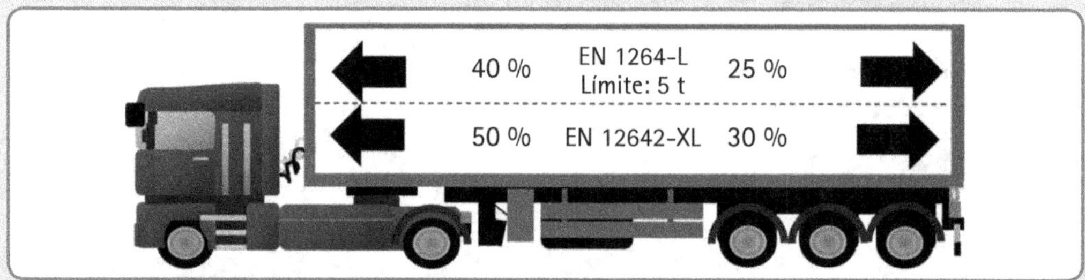

En el caso de la norma EN 12642-L se exige retener un máximo de 5 t en todo caso. Hay que tener en cuenta las fuerzas G (0,8 hacia adelante y 0,5 hacia atrás) y la fricción.

Por ello, la IRU indica el número máximo de toneladas en función de la fricción, indicando que hay que realizar una sujeción si se supera el peso capaz de contenerse.

Factor de fricción µ	EN 12642-L	EN 12642-XL
	Peso de la carga que puede ser bloqueado hacia delante (t)	
0,15	7,8	9
0,2	8,4	10,5
0,25	9,2	12,6
0,3	10,1	15,8
0,35	11.3	21
0,4	11.4	31,6
0,45	11.5	Sin riesgo
0,5	11.6	Sin riesgo
0,55	11.7	Sin riesgo
0,6	11.8	Sin riesgo

¿Qué tipo de rotulación se debe emplear en los bultos?

Para realizar una correcta manipulación de las cargas, es necesario que los bultos contengan de manera visible las instrucciones que se deben tener en cuenta para dicha operación. La norma ISO 780:2016 regula los **símbolos que se han de utilizar para el marcado de los embalajes.** Estos símbolos han de ser de color negro sobre un fondo claro (preferiblemente blanco). El tamaño de las marcas debe ser de 10, 15 o 20 cm, a menos que las piezas por marcar sean mas pequeñas.

Proteger del calor

Hacia arriba

Frágil

No usar ganchos

Proteger de la humedad

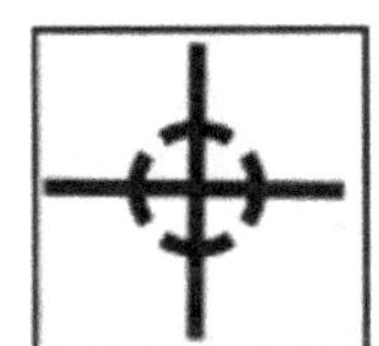

Centro de gravedad

No rodar

No usar horquetas

Colocar mordazas aquí

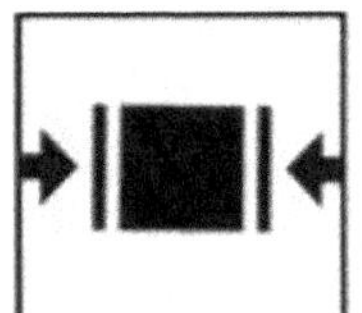

Colocar mordazas aquí

Límite de apilamiento en kg

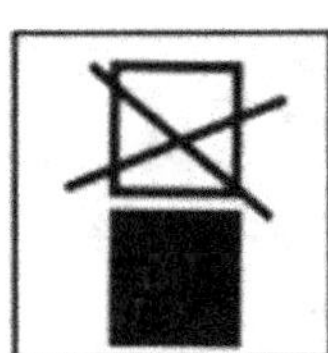

No apilar

Proteger de fuentes radioactivas

No usar carros elevadores

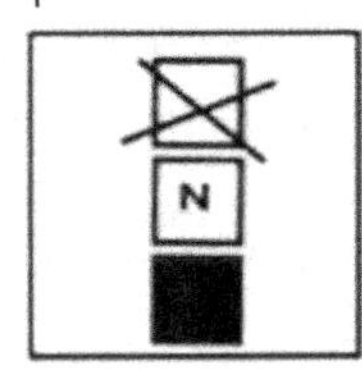

Límite de embalajes a apilar

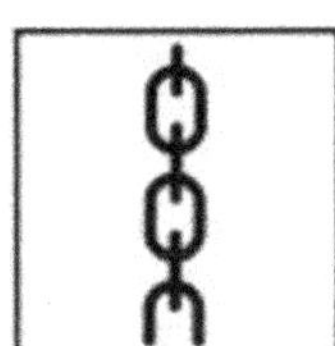

Eslingar aquí

Límite de temperatura

Norma
ISO 780:2016

Código CTU 2014 IMO ILO UNECE y su cálculo

Se denomina unidad de transporte de carga (UTC) o CTU *(cargo transport unit)* a las **unidades de carga construidas para su uso en el transporte intermodal,** tales como el contenedor de transporte, la plataforma de transbordo, la caja móvil o el vagón.

El Código CTU fue creado en 1997 y renovado en 2014 por un grupo de expertos de la Organización Marítima Internacional (OMI), la Organización Internacional del Trabajo (OIT) y la Comisión Económica para Europa de Naciones Unidas (Unece), para establecer unas directrices sobre la **correcta arrumazón de las cargas** en las unidades de transporte de carga.

Uso

El Código CTU conviene utilizarlo consultando sus dos partes:

La **parte I** contiene el grueso teórico del Código. Sus trece capítulos abordan temas como las responsabilidades, las unidades para transporte de carga, las técnicas de estiba, los equipos, ejemplos de estiba o la formación. También aparecen los coeficientes de rozamiento y las fuerzas G que se han de aplicar.

Descárgatelo gratis aquí:

La **parte II** es la circular MSC.1/Circ.1498 sobre material informativo y aborda temas complementarios al Código CTU. En esta circular, se encuentra la guía rápida en la que se trata la aceleración en función de los movimientos del buque durante el transporte en las zonas marítimas geográficas A, B y C. También se aborda el cálculo con clavos o antideslizantes.

Descárgatelo gratis aquí:

Esta guía rápida presenta numerosas tablas con cálculos ya realizados. Para su empleo se debe seguir este procedimiento:

1. Calcular los amarres necesarios para evitar el deslizamiento de la carga hacia adelante, hacia atrás o hacia los lados.

2. Calcular cuántos amarres serán necesarios para evitar el vuelco longitudinal o transversal.

3. Finalmente, seleccionar el mayor de los dos cálculos como el necesario.

Requisitos de las tablas en el Código CTU 2014 IMO ILO UNECE

Se trata de tablas están calculadas para unas condiciones específicas. Pero también contienen fórmulas que pueden ser aplicables para cualquier dispositivo, como se muestra en la parte inferior de la presente ficha.

1. Para el amarre superior, las tablas están calculadas en base a 75°-90°.

2. La carga máxima de sujeción o MSL *(maximum securing load)*, en porcentaje sobre la resistencia de rotura o MBL *(minimum break load)* es utilizada de acuerdo con los siguientes criterios:

Equipo	MSL
Amarre textil reutilizable	50%
Amarre textil no reutilizable	75%
Cadena de amarre (grado 8)	50%
Cable de acero nuevo	80%
Cable de acero usado	30%
Fleje metálico	70%
Placa metálica antideslizante	50%
Bolsa de estiba reutilizable	50%
Bolsa de estiba de un uso	75%

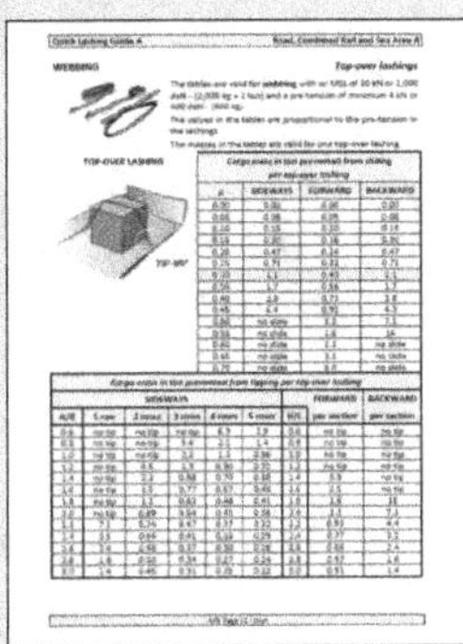

3. Las tablas para cadenas están realizadas para cadenas de ⌀ 9 mm grado 8, con una MSL de 5.000 daN y una pretensión mínima de1.000 daN.

4. Las tablas para fleje metálico están realizadas para flejes de (32 × 0,8 mm) con una MSL de 1.700 daN y una pretensión mínima de 240 daN.

5. Las tablas para cable de acero están realizadas para cables de (⌀ 16 mm/144) con una MSL de 9.100 daN y una pretensión mínima de1.000 daN.

6. En caso de no contar con las características anteriores se hará la conversión siguiente:

Técnica		Amarre textil	Cadena	Fleje metálico	Cable de acero
Amarre superior		Pretensión / 400	Pretensión / 1.000	Pretensión / 240	Pretensión / 1.000
Amarre en bucle					
Amarre por resorte		MSL / 2.000	MSL / 5.000	MSL / 1.700	MSL / 9.100
Amarre directo					

1. Si se cuenta con cintas de amare con una fuerza de tensión normalizada o STF (standard tension force) de 1.000 daN, se debe aplicar la fórmula: 1.000 / 400 = 2,5.

2. Se multiplican los valores de las tablas por 2,5 y luego se realizan los cálculos.

Técnicas de amarre en las unidades de transporte de carga

En las unidades de transporte de carga (UTC) se aplican las mismas técnicas que se exponen en la **ficha G3**, si bien se deben considerar algunas variantes o derivados, ya que en su aplicación hay distintos matices debido a las características de la UTC o a las **resistencias en puntos de anclaje o amarre**.

Cierres por amarre

Amarre superior

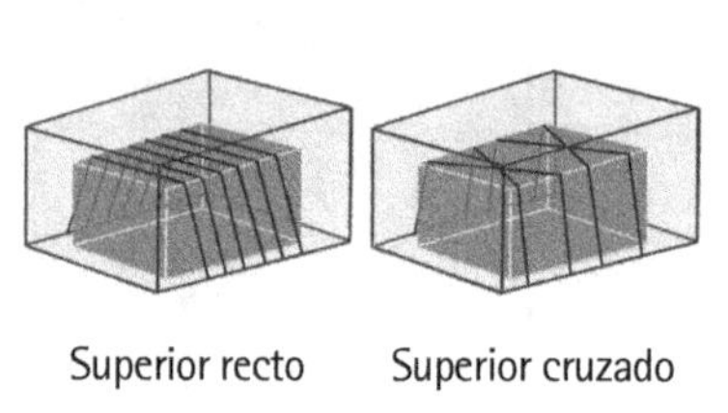

Superior recto   Superior cruzado

Amarre horizontal

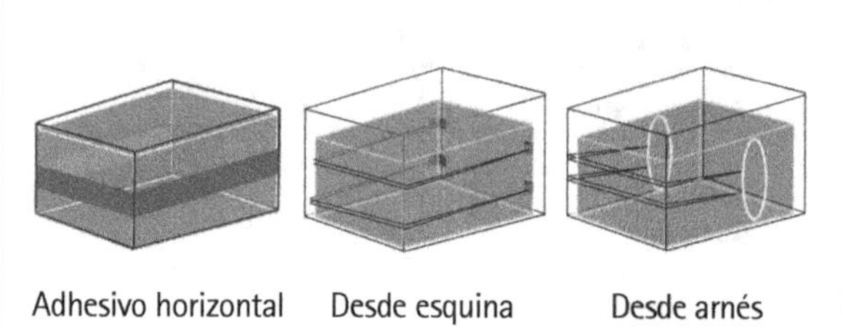

Adhesivo horizontal   Desde esquina   Desde arnés

Amarres por resorte

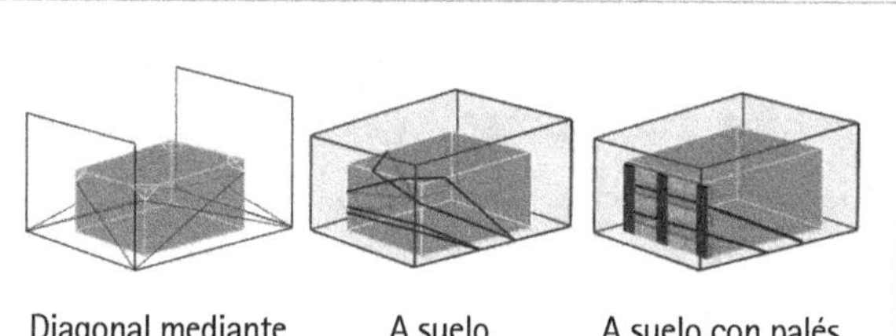

Diagonal mediante cantoneras   A suelo con trincas   A suelo con palés, redes o lonas

Amarre vertical

Vertical con lona o red   Vertical en cruz con trincas

Amarre directo

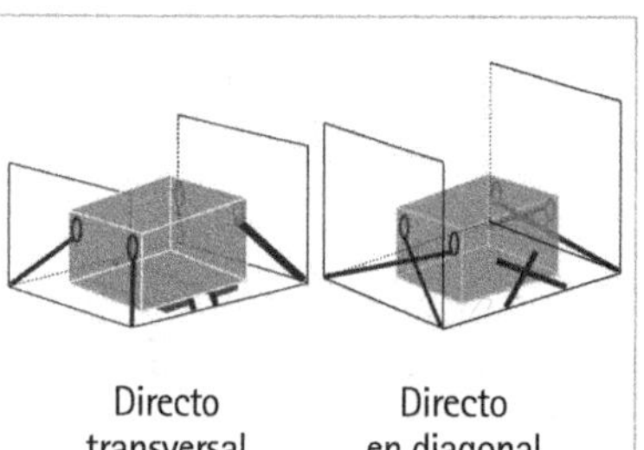

Directo transversal   Directo en diagonal

Amarre lateral

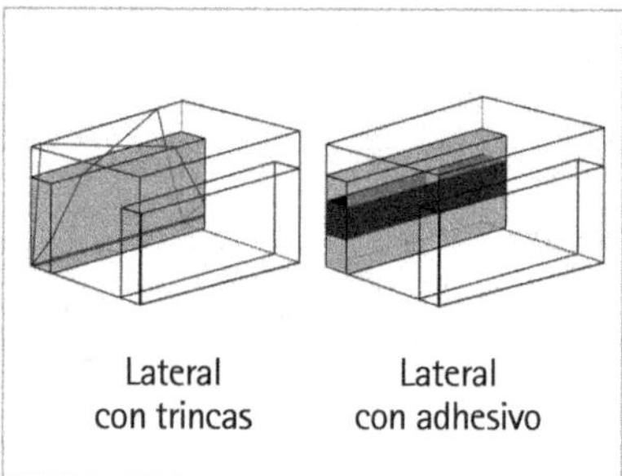

Lateral con trincas   Lateral con adhesivo

Amarre cubierto

Por redes o lonas

Además de estas técnicas básicas, hay numerosas variantes de amarre combinado, al utilizar dos o más técnicas distintas de manera conjunta. Adicionalmente al amarre, existen las técnicas por bloqueo, que se exponen en la **ficha G38**.

El amarre superior en el Código CTU 2014. Cálculo y ahorro de costos

Para calcular el amarre superior, hay que seleccionar en primer lugar la zona marítima (A, B o C) según las **indicaciones de la guía rápida del Código CTU.** Después, elegir el dispositivo que se va a utilizar y realizar los cálculos necesarios en la tabla correspondiente. Un requisito imprescindible es que el ángulo entre el suelo y el amarre debe estar entre 85 y 90°. Si está entre 30 y 75° se ha de duplicar el número de trincas. Si está por debajo de 30° se deberá emplear otro método.

Ejemplo

Se va a transportar un cajón de 8 t, 4 m de largo, 2 m de ancho y 2 m de alto, cuyo recorrido discurre por la zona marítima A. La carga máxima de sujeción o MSL es de 2.000 daN. El ángulo entre el suelo y la cinta es de 80° y $\mu = 0,3$. Si se opta por usar amarre superior, ¿cuántos amarres textiles se precisarán para sujetar el cajón?

Paso 1. Calcular el número de amarres necesarios para evitar el deslizamiento

De acuerdo con el peso indicado (8 t) se precisarán:

a) 8 t / 1,1 = 7,2 = 8 amarres para prevenir el deslizamiento hacia los lados.

b) 8 t / 0,43 = 18,6 amarres para evitar deslizamiento hacia adelante.

c) 8 t / 1,1 = 7,2 = 8 amarres para prevenir el deslizamiento hacia atrás.

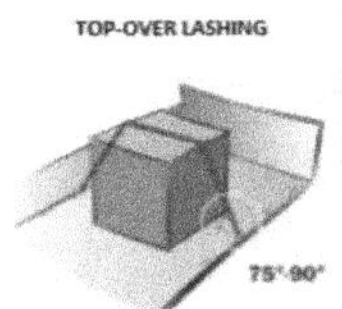

	Cargo mass in ton prevented from sliding per top-over lashing		
μ	SIDEWAYS	FORWARD	BACKWARD
0.00	0.00	0.00	0.00
0.05	0.08	0.05	0.08
0.10	0.18	0.10	0.18
0.15	0.30	0.16	0.30
0.20	0.47	0.24	0.47
0.25	0.71	0.32	0.71
0.30	1.1	0.43	1.1
0.35	1.7	0.55	1.7
0.40	2.8	0.71	2.8
0.45	6.4	0.91	4.3

Paso 2. Calcular el número de amarres necesarios para evitar el vuelco

a) Dividir la altura por el ancho (H/B): 2 / 2 = 1. Según el cuadro no hay riesgo.

b) Dividir altura entre longitud (H/L): 2 / 4 = 0,5. Ver el cuadro y tomar el valor más próximo: 0,6. No hay riesgo hacia adelante ni hacia atrás.

Cargo mass in ton prevented from tipping per top-over lashing							FORWARD	BACKWARD
SIDEWAYS								
H/B	1 row	2 rows	3 rows	4 rows	5 rows	H/L	per section	per section
0.6	no tip	no tip	no tip	6.3	2.9	0.6	no tip	no tip
0.8	no tip	no tip	5.4	2.1	1.4	0.8	no tip	no tip
1.0	no tip	no tip	2.2	1.3	0.96	1.0	no tip	no tip
1.2	no tip	4.5	1.3	0.90	0.72	1.2	no tip	no tip
1.4	no tip	2.2	0.98	0.70	0.58	1.4	5.9	no tip
1.6	no tip	1.5	0.77	0.57	0.48	1.6	2.5	no tip
1.8	no tip	1.1	0.63	0.48	0.41	1.8	1.6	18
2.0	no tip	0.89	0.54	0.42	0.36	2.0	1.2	7.1
2.2	7.1	0.74	0.47	0.37	0.32	2.2	0.93	4.4
2.4	3.5	0.64	0.41	0.33	0.29	2.4	0.77	3.2
2.6	2.4	0.56	0.37	0.30	0.26	2.6	0.66	2.4
2.8	1.8	0.50	0.34	0.27	0.24	2.8	0.57	1.8
3.0	1.4	0.45	0.31	0.25	0.22	3.0	0.51	1.4

Paso 3. Seleccionar el mayor de los valores obtenidos

En este caso, 18 amarres.

Para reducir el número de amarres y los costos derivados se puede:

• Aumentar la fricción con antideslizante.

• Usar cintas con una mayor fuerza de tensión normalizada o STF.

• Colocar la mercancía con mayor anchura y menor altura.

El amarre por resorte en el Código CTU 2014. Cálculo y ahorro de costos

Para calcular el amarre por resorte, hay que seleccionar en primer lugar la zona marítima (A, B o C) según las **indicaciones de la guía rápida del Código CTU**. Después, elegir el dispositivo que se va a utilizar y realizar los cálculos necesarios en la tabla correspondiente. En primer lugar, según la fricción, calcular los pares de trincas necesarios para evitar el deslizamiento. En segundo lugar, se divide la altura entre la longitud para obtener los pares de trincas necesarios para evitar el vuelco. El resultado a escoger será el mayor de los cálculos.

Ejemplo

Se va a transportar una máquina de 7 t, de 2,8 m de largo, 2,1 m de alto, 2,2 m de ancho y $\mu = 0,4$, cuyo recorrido discurre por la zona marítima A. Se quieren emplear amarres textiles de un uso, con carga máxima de sujeción o MSL de 2.000 daN. ¿Cuántas parejas de amarres se deben utilizar en un amarre por resorte?

Paso 1. Calcular el número de amarres necesarios para evitar el deslizamiento

Para $\mu = 0,4$ se indica que cada amarre evita el deslizamiento de 7,5 t hacia adelante y de 11 t hacia atrás. Así, para 7 t se necesitan:

a) 7 / 7,5 t = 0,93 = 1 amarre para evitar el deslizamiento hacia adelante.

b) 7 / 11 t = 0,63 t = 1 amarre para evitar el deslizamiento lateral.

SPRING LASHING

Cargo mass in ton prevented from sliding per spring lashing		
μ	FORWARD	BACKWARD
0.00	3.6	5.8
0.05	3.9	6.5
0.10	4.3	7.3
0.15	4.7	8.3
0.20	5.1	9.0
0.25	5.6	9.4
0.30	6.1	9.9
0.35	6.8	10
0.40	7.5	11
0.45	8.3	12

Paso 2. Calcular el número de amarres necesarios para evitar el vuelco

Se divide la altura por la longitud (H/L), y el resultado es: 2,1 / 2,8 = 0,75. En el cuadro de la derecha se toma el valor más próximo, por encima: 0,8. Indica que cada amarre proporciona una resistencia de 38 t hacia adelante o atrás, por lo que con un amarre será suficiente.

Cargo mass in ton prevented from tipping per spring lashing		
H/L	FORWARD	REARWARD
0.6	86	86
0.8	38	38
1.0	29	29
1.2	25	25

Paso 3. Seleccionar el mayor de los valores obtenidos

En este caso, con un solo amarre por lado es suficiente.

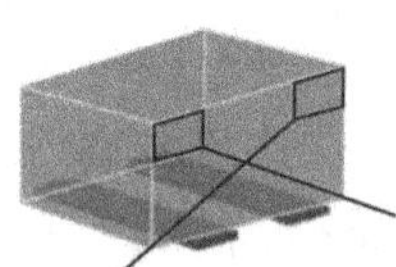

Para reducir el número de amarres y los costos derivados se puede:

- Aumentar la fricción con antideslizante.
- Seleccionar amarres con una mayor carga máxima de sujeción o MSL.

Es importante comprobar que los puntos de anclaje resisten la fuerza de cada amarre.

El amarre en bucle en el Código CTU 2014. Cálculo y ahorro de costos

Para calcular el amarre en bucle, hay que seleccionar en primer lugar la zona marítima (A, B o C) según las **indicaciones de la guía rápida del Código CTU.** Después, elegir el dispositivo que se va a utilizar y realizar los cálculos necesarios en la tabla correspondiente. Mediante el coeficiente de fricción se ven las toneladas que cada par de amarres evita deslizar hacia los lados. Al dividir el ancho entre el alto y seleccionar el número de filas **se obtiene el número de toneladas que cada par de amarres evita volcar.** Se debe seleccionar el mayor de los cálculos, empleando como mínimo un par de amarres por lado, dado que uno solo generaría inestabilidad.

Ejemplo

Se va a transportar una viga de 20 t, 10 m de largo, 1,5m de ancho, 1,5 m de alto y $\mu = 0,3$, cuyo recorrido discurre por la zona marítima C. Se quiere aplicar amarres en bucle, con carga máxima de sujeción o MSL de 5.000 daN. ¿Cuántos pares de amarres textiles se deben colocar para sujetar esta carga?

Paso 1. Obtener la conversión de los amarres

Dado que la tabla está pensada para amarres de 2.000 daN, hay que aplicar la fórmula expuesta en la ficha G28 (MSL/2.000) resultando: 5.000 / 2.000 = 2,5.

Paso 2. Calcular el número de amarres necesarios para evitar el deslizamiento

Para $\mu = 0,3$ la tabla indica que cada par de amarres evita el deslizamiento de (11 × 2,5) 27,5 t. Luego con 20 / 27,5 = 0,72 = 1 par de amarres es suficiente.

Cargo mass in ton prevented from sliding per pair of half loop lashing	
μ	SIDEWAYS
0.00	6.4
0.05	6.9
0.10	7.6
0.15	8.2
0.20	9.0
0.25	9.9
0.30	11
0.35	12

Paso 3. Calcular el número de amarres necesarios para evitar el vuelco

Dividir el alto por el ancho (H/B) = 1,5 / 1,5 = 1 e ir a la columna de una fila. El resultado es que no hay riesgo de vuelco con estas medidas.

Cargo mass in ton prevented from tipping per pair of half loop lashing				
		SIDEWAYS		
H/B	1 row	2 rows	3 rows	4 rows
0.6	no tip	no tip	17	9.7
0.8	no tip	23	8.3	5.7
1.0	no tip	11	5.5	4.1
1.2	no tip	6.9	4.1	3.1
1.4	42	5.1	3.2	2.6

Paso 4. Tomar el mayor de los dos valores

Con un par de amarres sería suficiente por fuerza, pero esto haría que la carga fuese inestable, por lo que el mínimo aplicable serían dos amarres por lado.

Para reducir el número de amarres y los costos derivados se puede:

- Aumentar la fricción con antideslizante.
- Si la carga máxima de sujeción de los amarres es excesiva, se pueden emplear unos menos resistentes para abaratar el costo. Por el contrario, si resultan más de dos amarres por lado, pueden emplearse amarres con mayor MSL para disminuir el número necesario.

El amarre directo en el Código CTU 2014. Cálculo y ahorro de costos

Para calcular el amarre directo, hay que seleccionar en primer lugar la zona marítima (A, B o C) según las **indicaciones de la guía rápida del Código CTU.** Después, elegir el dispositivo que se va a utilizar y realizar los cálculos necesarios en la tabla correspondiente. Según el coeficiente de fricción se ven las toneladas que se evita deslizar hacia adelante y hacia atrás con cada trinca. Al dividir el alto entre el ancho se obtiene el número de toneladas que se evita volcar lateralmente. **Al dividir el alto entre el largo, resultan las toneladas que se evita volcar hacia adelante o atrás.** Se debe utilizar el mayor resultado obtenido. Un requisito indispensable es que el ángulo entre el suelo y la trinca debe ser de entre 30 y 60°, tanto vertical como transversalmente.

Ejemplo

Se va a transportar un cajón de 10 t, de 2,4 m de alto, 2,2 m de ancho, 4 m de largo y $\mu = 0,3$, cuyo recorrido discurre por la zona marítima C. Se quiere usar amarre directo y se dispone de cuatro cadenas DE $\varnothing$ 9 mm, grado 8, con carga máxima de sujeción o MSL de 5.000 daN (50 kN) y una pretension de 1.000 daN ¿Serían suficientes para hacer un amarre directo en un contenedor plataforma?

Paso 1. Calcular el número de amarres necesarios para evitar el deslizamiento

Para $\mu = 0,3$ se indica que cada trinca evita el deslizamiento de 3,9 t hacia cada lado o hacia adelante y de 6,4 t hacia atrás. Para evitar el deslizamiento de 10 t hacen falta: 10 / 3,9 = 2,56 = 3 trincas por lado.

Cargo mass in ton prevented from sliding per straight lashing			
μ	SIDEWAYS per side	FORWARD	BACKWARD
0.00	1.6	1.6	2.5
0.05	1.9	1.9	3.1
0.10	2.2	2.2	3.8
0.15	2.6	2.6	4.6
0.20	3.0	3.0	5.2
0.25	3.4	3.4	5.8
0.30	3.9	3.9	6.4
0.35	4.5	4.5	7.0

Paso 2. Calcular el número de amarres necesarios para evitar el vuelco

a) Dividir el alto entre el ancho (H/B) = 2,4 / 2,2 = 1,09. Tomar el valor más próximo por encima (1,2) y observar que no hay riesgo de vuelco hacia los lados.

Cargo mass in ton prevented from tipping per straight lashing				
H/B	SIDEWAYS per side	H/L	FORWARD	BACKWARD
0.6	no tip	0.6	51	51
0.8	no tip	0.8	19	19
1.0	no tip	1.0	13	13
1.2	no tip	1.2	10	10
1.4	25	1.4	8.5	8.5

b) Dividir el alto entre el largo (H/L) = 2,4 / 4 = 0,6. Ir a la tabla y observar que cada trinca evita el vuelco de 51 t hacia adelante o atrás.

Paso 3. Tomar el mayor de los valores

En este caso, se deberían utilizar tres cadenas por lado. Si esto no fuese posible y solo se pudieran poner dos, se tendrían que aplicar los consejos comentados más abajo y recalcular.

Para reducir el número de amarres y los costos que de ello se deriva, se puede:

- Aumentar la fricción con antideslizante.
- Seleccionar amarres con una mayor carga máxima de sujeción o MSL.

Es importante comprobar que los puntos de anclaje y de amarre resisten la fuerza de la trinca.

Cálculo y ahorro de costos en chapas antideslizantes. Código CTU 2014

Además de las gomas antideslizantes, que suelen tener un coeficiente de fricción de $\mu = 0,6$, hay un gran número de tipos de chapas estandarizadas con una capacidad de fricción variable según sus medidas. Con el Código CTU 2014 se puede calcular las toneladas que reduce cada chapa en función de la fricción y la medida.

Ejemplo

Se necesita transportar una máquina de 10 t, cuyo recorrido discurre por la zona marítima B. Se cuenta con ocho placas antideslizantes de 48 × 65 cm y se quiere usarlas en combinación con amarre superior, con $\mu = 0,3$ ¿Cuánto peso se sujetará solo con las placas?

a) Si $\mu = 0,3$ se sujetan hacia los lados 0,44 t por placa. Con 8 × 0,44 se sujetarán 3,52 t.

b) Si $\mu = 0,3$ se sujetan hacia adelante 0,35 t por placa. Con 8 × 0,35 se sujetarán 2,82 t.

c) Si $\mu = 0,3$ se sujetan hacia los lados 0,83 t por placa. Con 8 × 0,83 se sujetarán 6,64 t.

Peso aproximado de la carga en toneladas que impide deslizar chapa antideslizante para madera sobre madera (solamente para casos en los que se utilice el amarre superior)

μ / MBL"	⌀ 48	⌀ 62	⌀ 75	⌀ 95	30 × 50	48 × 65	130 × 130
	0,5	0,7	0,9	1,2	0,5	0,7	1,5
Hacia los lados							
0,1	0,21	0,29	0,38	0,5	0,21	0,29	0,63
0,2	0,25	0,35	0,45	0,6	0,25	0,35	0,75
0,3	0,31	0,44	0,56	0,75	0,31	0,44	0,94
Hacia adelante							
0,1	0,18	0,25	0,32	0,43	0,18	0,25	0,54
0,2	0,21	0,29	0,38	0,5	0,21	0,29	0,63
0,3	0,25	0,35	0,45	0,6	0,25	0,35	0,75
Hacia atrás							
0,1	0,31	0,44	0,56	0,75	0,31	0,44	0,94
0,2	0,42	0,58	0,75	1	0,42	0,58	1,3
0,3	0,6	0,83	1,1	1,4	0,6	0,83	1,8

* Entre la chapa antideslizante y la carga.

El uso de chapas antideslizantes es muy económico y pueden reducir drásticamente el número de otros materiales de estiba. Es siempre aconsejable su valoración, en caso de que la operativa lo posibilite.

Técnicas de bloqueo y soporte en unidades de transporte de carga

En las UTC las técnicas de bloqueo o soporte suelen ser muy habituales. En general, los elementos más empleados son la madera, las bolsas de estiba, los dispositivos sintéticos o metálicos y los bloqueos con cartón de celda de abeja. Aunque en las ilustraciones se representan con madera, pueden emplearse distintos tipos de elementos.

Bloqueos y soportes más utilizados en las UTC

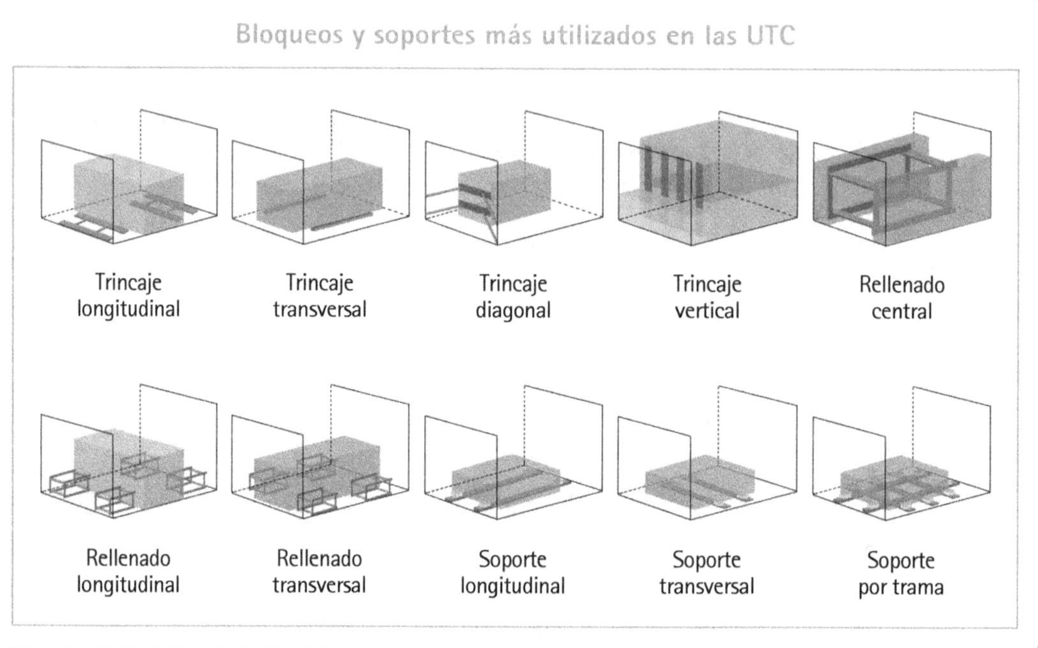

Normativa

La normativa sobre madera es una de las más extensas, dispersas y variadas que existen. En general aborda temas relacionados con el embalaje de madera, que está muy relacionado con la estiba.

También existen, no obstante, normativas relativas propiamente a la estiba con madera, como aquellas que afectan a la clavazón o al cálculo de soportes para distribución del peso.

Por último, hay guías elaboradas por organismos de ámbito nacional, que establecen recomendaciones u obligaciones de trincaje para cargas y procesos concretos. Entre ellas cabe citar las normas JIS (Japón) y las HDE (Alemania), que establecen distintos estándares y procesos muy detallados.

Técnicas y fórmulas de estiba de mercancías

¿Cómo calcular el desecante que se ha de utilizar para evitar pérdidas por humedad?

Los desecantes sirven para **atrapar la humedad en el interior de su estructura porosa**. Suelen fabricarse a partir de arcilla activada (bentonitas), gel de sílice o tamiz molecular. Hay fabricantes que proporcionan tablas específicas para sus productos, por lo que siempre hay que consultar si existe esta información antes de decidir cualquier actuación.

Si no se dispone de dichos datos, se puede recurrir a la norma DIN 55474 y consultar los apartados Medios auxiliares de envasado; Los desecantes en la bolsa; Aplicación, el cálculo del número necesario de unidades de desecante.

Fórmula

El número de unidades de desecante requerido (n) se calcula con esta fórmula, acorde con la norma DIN 55474: 2015-03: $n = \dfrac{1}{a} (V \times b + c + m \times A \times e \times D \times t)$, donde:

- **a** = cantidad de agua a ser adsorbida por una unidad desecante en función de la humedad final tolerada.
  Humedad final: 20 % de humedad relativa = 3 g.
  40 % de humedad relativa = 6 g.
  60 % de humedad relativa = 8 g.
- **e** = factor de corrección en función del contenido de humedad final.
  Humedad final: Para un 20 % de humedad relativa, e = 0,9.
  Para un 40 % de humedad relativa, e = 0,7.
  Para un 40 % de humedad relativa, e = 0,7.
- **V** = volumen interno de la mercancía (en metros cúbicos).
- **b** = humedad contenida en cada metro cúbico de aire (en g/m^3), según la temperatura y la humedad relativa durante el proceso de embalaje; por ejemplo, a 20 C y RH 85, $b = 15 \ g/m^2$.
- **c** = coeficiente aplicable al contenido de humedad por gramo de material de relleno higroscópico en función del grado de deshumidificación de madera, papel y cartón:
  – Contenido de humedad indefinida, c = 140.
  – Predeshumidificación definida, c = 0.
- **A** = superficie de la película de barrera (en metros cuadrados).
- **m** = peso (kg) del material higroscópico
- **D** = permeabilidad al vapor de agua de acuerdo con las condiciones climáticas especificadas en g/m^2 (úsense las indicaciones de la norma DIN 53122 o las del propio fabricante).
- **t** = duración del transporte y el almacenamiento (días).

Otras normas técnicas que también pueden consultarse son:
- MIL-D- 464 (Ejército de Estados Unidos)
- TL 6850-008 (Ejército de Alemania).

¿Qué apps de ayuda hay para el cálculo en estiba?

Existen numerosas app que permiten realizar cálculos de estiba de manera eficaz y ahorrar costos con ello. Estas son las más utilizadas:

Trucker Helfer
(Estiba)

TYA
(Estiba)

Lashing Calculator
(Estiba)

DOLORES
(Estiba)

Lasire
(Estiba)

Lasical
(Estiba)

Brugg lashing
(Estiba)

SBS
(Estiba)

RUD
(Estiba)

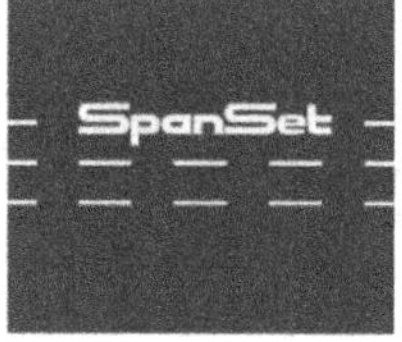
Spanset
(Estiba)

Edex Zurr
(Estiba)

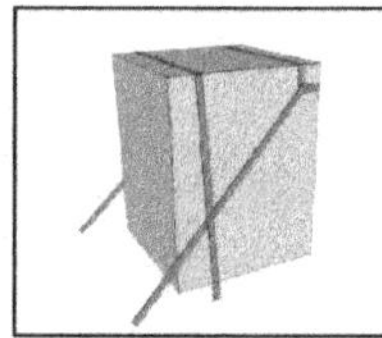
ReadyLash
(Estiba)

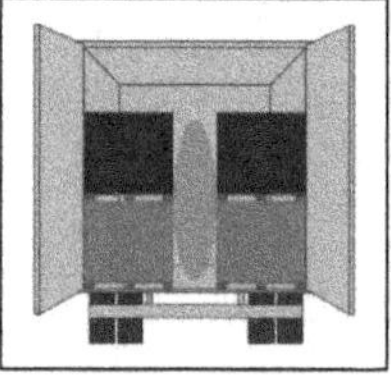
Load Advisor
(Bolsas de Estiba)

Cargo Weight
(cálculo peso)

Animated Knots
(nudos)

AFT
(Estiba)

Adicionalmente, el Instituto para la Seguridad en las Cargas, en el que participa el autor de este libro, ha desarrollado una app siguiendo los criterios del sistema didáctico AURUM .

Técnicas y fórmulas
de estiba de mercancías

Cómo calcular el dispositivo de estiba más adecuado

1. En el primer paso, se debe analizar a qué riesgos se someterá la carga y cómo evitarlos:

Riesgo / Sistema a aplicar	Estiba	Sujeción	Protección	Secantes	Fumigación	Amortiguación	Unificación	Sujeción al vehículo	Colocación antivuelco	Ventilación	Distribución presión	Cálculo a determinar
Golpes	X	X	X				X					Fragilidad (g)
Vuelcos	X	X					X	X	X			Riesgo vuelco según base / altura / peso
Salida del vehículo	X	X	X				X		X			Elementos de sujeción adecuados a la mercancía o al vehículo
Aplastamiento por apilación	X		X			X	X				X	Índice de apilamiento
Vibración	X	X	X			X	X				X	Rango de frecuencia o velocidad de repetición
Abrasión o rozamiento	X	X	X			X	X					Coeficiente de desgaste
Cargas estáticas			X									Deformación
Temperatura										X		Rango de seguridad (°)
Humedad				X						X		Porcentaje de absorción
Oxígeno			X							X		Porcentaje de absorción
Olores			X							X		Determinar incompatibilidad
Luz			X									Punto de decoloración
Degradación	X	X	X			X	X			X	X	Determinación punto a partir del cual se producen cambios químicos o físicos
Insectos / Roedores	X	X			X							Determinar riesgos concretos
Daños al vehículo o contenedor	X	X	X			X	X				X	Presión máxima permitida
Incompatibilidad productos colindantes	X	X	X			X				X		Determinar productos incompatibles

Cómo calcular el dispositivo de estiba más adecuado *(Cont.)*

2. En el segundo paso se debe valorar qué opciones existen y cuantificarlas (costo total de material + mano de obra y otros costos). Si es reutilizable, dividir el importe entre el periodo de uso, con la amortización requerida.

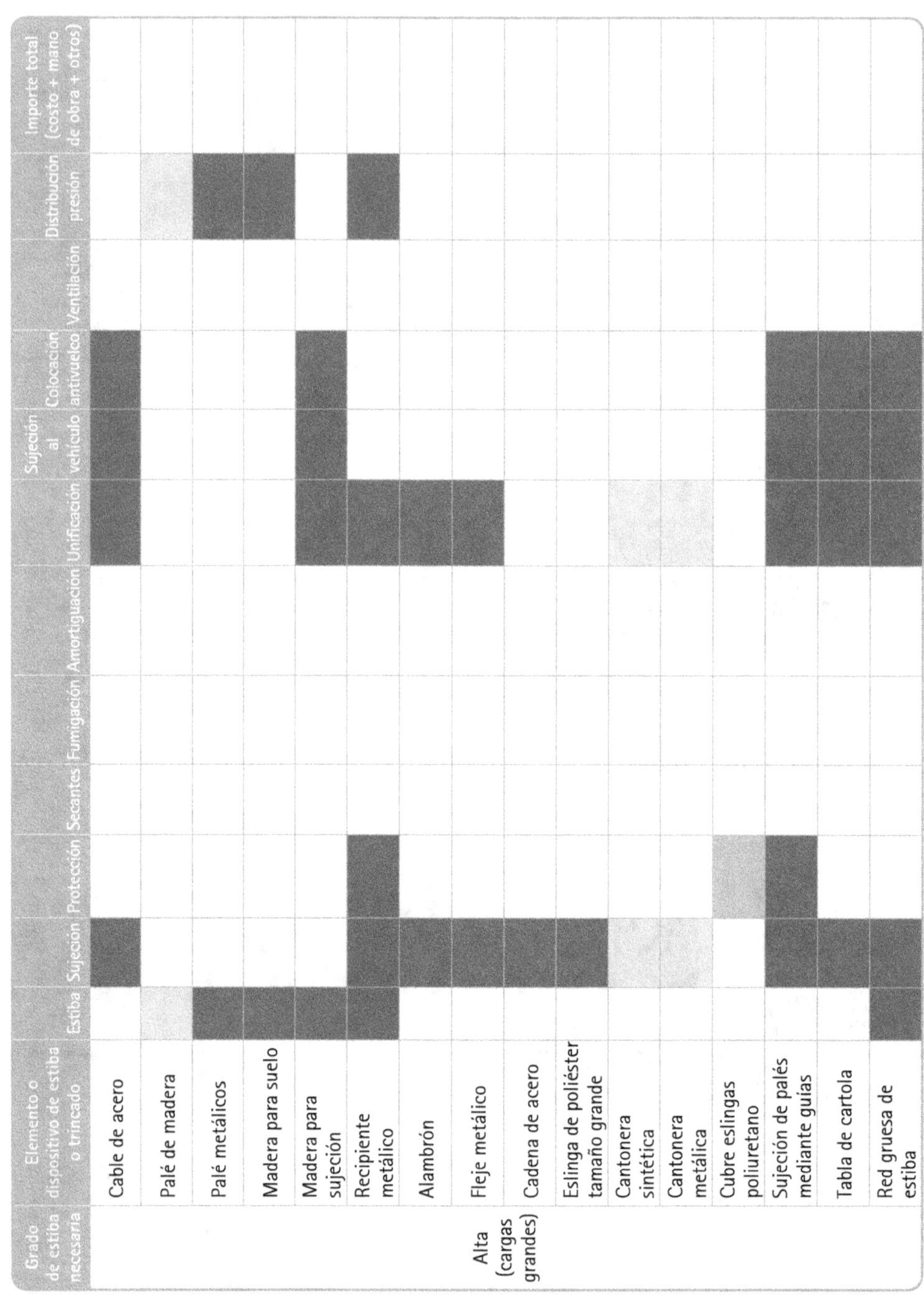

Grado de estiba necesaria	Elemento o dispositivo de estiba o trincado	Estiba	Sujeción	Protección	Secantes	Fumigación	Amortiguación	Unificación	Sujeción al vehículo	Colocación antivuelco	Ventilación	Distribución presión	Importe total (costo + mano de obra + otros)
	Cable de acero												
	Palé de madera												
	Palé metálicos												
	Madera para suelo												
	Madera para sujeción												
	Recipiente metálico												
	Alambrón												
Alta (cargas grandes)	Fleje metálico												
	Cadena de acero												
	Eslinga de poliéster tamaño grande												
	Cantonera sintética												
	Cantonera metálica												
	Cubre eslingas poliuretano												
	Sujeción de palés mediante guías												
	Tabla de cartola												
	Red gruesa de estiba												

Anexo 1. Cálculos de senos y cosenos

Angulo α	Radianes	
	sen α	cos α
0°	0	1
1°	0,017452	0,999848
2°	0,034899	0,999391
3°	0,052336	0,99863
4°	0,069756	0,997564
5°	0,087156	0,996195
6°	0,104528	0,994522
7°	0,121869	0,992546
8°	0,139173	0,990268
9°	0,156434	0,987688
10°	0,173648	0,984808
11°	0,190809	0,981627
12°	0,207912	0,978148
13°	0,224951	0,97437
14°	0,241922	0,970296
15°	0,258819	0,965926
16°	0,275637	0,961262
17°	0,292372	0,956305
18°	0,309017	0,951057
19°	0,325568	0,945519
20°	0,34202	0,939693
21°	0,358368	0,93358
22°	0,374607	0,927184
23°	0,390731	0,920505
24°	0,406737	0,913545
25°	0,422618	0,906308
26°	0,438371	0,898794
27°	0,45399	0,891007
28°	0,469472	0,882948
29°	0,48481	0,87462
30°	0,5	0,866025
31°	0,515038	0,857167
32°	0,529919	0,848048
33°	0,544639	0,838671
34°	0,559193	0,829038
35°	0,573576	0,819152
36°	0,587785	0,809017
37°	0,601815	0,798636
38°	0,615661	0,788011
39°	0,62932	0,777146
40°	0,642788	0,766044
41°	0,656059	0,75471
42°	0,669131	0,743145
43°	0,681998	0,731354
44°	0,694658	0,71934
45°	0,707107	0,707107

Angulo α	Radianes	
	sen α	cos α
46°	0,71934	0,694658
47°	0,731354	0,681998
48°	0,743145	0,669131
49°	0,75471	0,656059
50°	0,766044	0,642788
51°	0,777146	0,62932
52°	0,788011	0,615661
53°	0,798636	0,601815
54°	0,809017	0,587785
55°	0,819152	0,573576
56°	0,829038	0,559193
57°	0,838671	0,544639
58°	0,848048	0,529919
59°	0,857167	0,515038
60°	0,866025	0,5
61°	0,87462	0,48481
62°	0,882948	0,469472
63°	0,891007	0,45399
64°	0,898794	0,438371
65°	0,906308	0,422618
66°	0,913545	0,406737
67°	0,920505	0,390731
68°	0,927184	0,374607
69°	0,93358	0,358368
70°	0,939693	0,34202
71°	0,945519	0,325568
72°	0,951057	0,309017
73°	0,956305	0,292372
74°	0,961262	0,275637
75°	0,965926	0,258819
76°	0,970296	0,241922
77°	0,97437	0,224951
78°	0,978148	0,207912
79°	0,981627	0,190809
80°	0,984808	0,173648
81°	0,987688	0,156434
82°	0,990268	0,139173
83°	0,992546	0,121869
84°	0,994522	0,104528
85°	0,996195	0,087156
86°	0,997564	0,069756
87°	0,99863	0,052336
88°	0,999391	0,034899
89°	0,999848	0,017452
90°	1	0

H

Técnicas para ahorrar costos en operativas especiales

Introducción a las operativas especiales

En el transporte de mercancías y en los procesos logísticos existen técnicas conocidas como operativas especiales, que **cuestan de clasificar por ser sumamente diferentes** de las otras. Esta unidad temática se centra en estas operativas y aborda las siguientes áreas:

- Logística del comercio electrónico y del envío de pequeño tamaño.
- Logística verde.
- Transporte especial y gestión de proyectos de carga.

Descripción

El comercio electrónico es un área de gran crecimiento comercial. La logística que lo sustenta es tan compleja y novedosa que ha adquirido una personalidad y técnicas propias, lo que ha hecho evolucionar a los sectores de la mensajería y la paquetería. Entre sus nuevos retos está el enorme número de entregas atomizadas que tienen que cubrir, con plazos de tiempo muy acotados, y la búsqueda constante de reducción de costos.

Por otro lado, existe una conciencia social que aboga por el respeto hacia el medio ambiente en las operaciones logísticas, especialmente en cuanto a las emisiones contaminantes y la gestión de las mercancías peligrosas. Esto conlleva la aplicación de técnicas específicas, que también se explican en esta unidad didáctica.

Finalmente, se abordan los transportes especiales y la gestión de proyectos de carga. Esta es un área con técnicas y casuísticas tan particulares, que merecen un apartado propio.

¿Qué servicios pueden prestarse en la logística del comercio electrónico?

También conocida como e-logística, comporta multitud de servicios, no únicamente el del transporte. Implica una serie de técnicas que es necesario conocer, ya que son **procesos muy diferentes de los de la logística tradicional.**

Características	Logística tradicional	e-logística
Tipo de envío	Predomina la carga completa (camión, contenedor, etc.)	Predomina la pequeña carga (paquete individual o sobre con documentación)
Estilo de demanda	Producción y luego venta	Venta y luego compra o producción
Cliente	Habitual y conocido	Desconocido y poco regular
Flujo de mercancías	Regular y conocido	Irregular y desconocido
Puntos de destino	Mayoritariamente empresas	Mayoritariamente particulares
Demanda	Estable y predecible	Inestable e impredecible
Uso de almacenes físicos	Es necesario tener un inventario físico	Se puede prescindir de inventarios y externalizarlos

Solución

Recursos para gestionar los servicios de la e-logística

- Gestión de la externalización en la cadena de suministro: sistema e-SCM.
- Envío tercerizado o *dropshipping*.
- Recepción y preparación de pedidos: *e-fulfillment,* sistemas de reexpedición, etc.
- Servicio de empaquetado y embalado.
- Logística inversa de embalajes.
- Gestión de flotas urbanas especiales.
- Gestión de puntos de recogida urbana.
- Almacenamiento completo de pequeños lotes o unidades.
- Gestión de cobros y documentación anexa.
- Controles, información y reportes.
- Soporte y atención al cliente o consumidor.
- Desarrollo de sistemas de comunicación automática con clientes y empresas.
- Sistemas de seguimiento de pedidos.
- Integración automática con la web del cliente

¿Cómo se aplica el envío tercerizado?

El envío tercerizado o *dropshipping* es una estrategia que consiste en vender productos de terceros, por lo que es más propia de distribuidores que de fabricantes. Para ello, se llega a **acuerdos con los fabricantes o distribuidores y se comercializan sus productos con la imagen y documentación propias.** De ese modo, se sirven los pedidos desde el lugar de producción, lo que permite a la empresa comercializadora prescindir de almacenes, ahorrar costos y reducir la inversión inicial. A pesar de las ventajas, el margen de beneficio que se obtiene por cada venta es menor.

Ejemplo

Una empresa vende tabletas electrónicas de distintas marcas y no tiene almacén ni inventarios. Desde su web emite órdenes para informar a los almacenes de las diversas marcas de que tiene que servir un pedido. Previamente ha acordado la distribución tercerizada para que puedan servir en su nombre.

Solución

Un acuerdo de distribución desde el proveedor hasta el cliente hace necesario fijar muy bien cada parte del proceso para obtener la rentabilidad esperada en un entorno en el que los medios son de un tercero. Es importante definir y acordar previamente los siguientes puntos:

1. Qué embalaje se empleará para conservar la imagen corporativa de la empresa comercializadora.
2. Qué tipo de albarán se generará y qué dirección de remite se indicará.
3. Qué información contendrá la etiqueta, dependiendo de cada pedido.
4. Especificar si los pedidos individuales se unificarán o no. En caso de unificar dos o más pedidos, hay que fijar descuentos por embalado o entrega.
5. Qué plazos de entrega por zonas se aplicarán, ya que es necesario anunciarlo.
6. Fijar las condiciones de devolución y posibles costos adicionales.
7. Concretar el costo y el modo de pago y cobro de los reembolsos.
8. Determinar el sistema de registro y la gestión de la información de las entregas realizadas.
9. Fijar las condiciones por las cuales el proveedor respetará a los clientes que aporte la comercializadora.
10. Desarrollar la aplicación informática para que el distribuidor recoja y tramite automáticamente los pedidos desde la web del cliente.

¿Cómo ahorrar costos de reparto derivados de atascos?

La mayor concentración de costos en la distribución urbana se produce en la llamada última milla, que corresponde al último tramo de la entrega. Uno de los factores que más hace aumentar los costos son los atascos, ya que **se consume más combustible, baja la productividad (menor número de repartos por día) y produce retrasos.** Estas son las principales técnicas para evitarlos:

- **Utilizar vehículos ligeros** (triciclos, bicicletas) que puedan circular por la ciclovía o carriles especiales.
- **Usar motocicletas de reparto** que puedan evitar los atascos.
- **Programar los repartos en las llamadas «horas valle»,** cuando hay menos circulación.
- **Entrega combinada mediante nodos de distribución urbana.** Son puntos en los que un vehículo grande entrega un gran conjunto de envíos sueltos, lo que permite a los repartidores cargar vehículos más pequeños. Una variante son los CUC **(ficha H5).**
- **Entrega modular.** Es una variante de la anterior. Un vehículo llega con contenedores pequeños (de entre 1 y 2 m^3), y hace una ruta en la que deja contenedores cargados y recoge los vacíos en la calle. Hace las entregas a repartidores a pie que llevan un carro eléctrico para transportarlos.
- **Entrega en puntos de recogida** a los que va el cliente.
- **Entrega en consignas automáticas** que se pueden encontrar en lugares públicos o en instalaciones dentro del propio edificio.
- **Usar vehículos eléctricos, híbridos o a gas,** de bajo consumo que reduzcan la contaminación y los costos externalizados.
- **Programar el reparto en horas nocturnas.**
- **Usar la programación inteligente del transporte,** que busque rutas alternativas con menor densidad de tráfico.
- **Agrupar envíos con otras empresas** para compartir gastos.
- Usar programas de ayuda a la **conducción eficiente.**
- **Hacer la «ruta del panadero».** Es una entrega diaria a una hora establecida y en las mismas paradas en las que el cliente se compromete a ir a recoger en persona.

Centros urbanos de consolidación (CUC)

Se trata de **superficies de gran tamaño, situadas en núcleos urbanos, donde se realizan diferentes operaciones logísticas.** Suelen ubicarse en el subsuelo de centros comerciales o garajes a los que llegan vehículos medianos o de gran tamaño con multitud de pedidos para transbordarse a vehículos más pequeños. Acostumbran a contar con tiendas o puntos de recogida a los que pueden acudir los clientes.

A diferencia de las tiendas o puntos de recogida particulares de las empresas de transporte, los CUC tienen una estructura formada por tres agentes que desempeñan diferentes acciones:

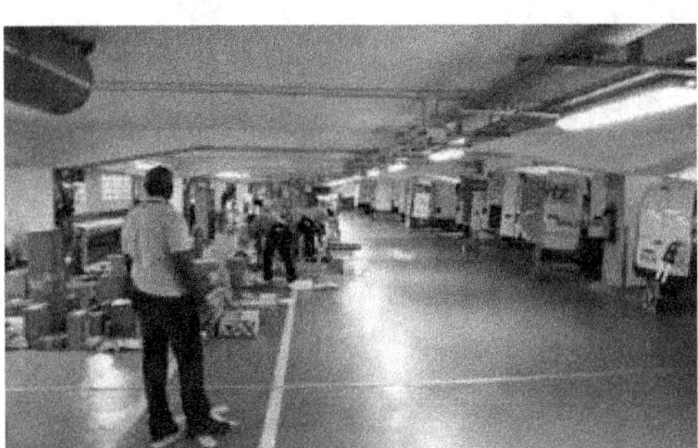

Operador de última milla:

- Gestión empresarial y operativa del CUC.
- Servicio de entrega y recogida a terceros en la última milla.
- Servicios de alquiler de flota compartida de vehículos.
- Servicios de recarga y aparcamiento a vehículos híbridos o a gas.

Empresas logísticas:

- Entregas y recogidas en el CUC con vehículos de tamaño medio o grande.
- Entregas y recogidas en la última milla con vehículos propios o del CUC.
- Coordinación con el CUC.

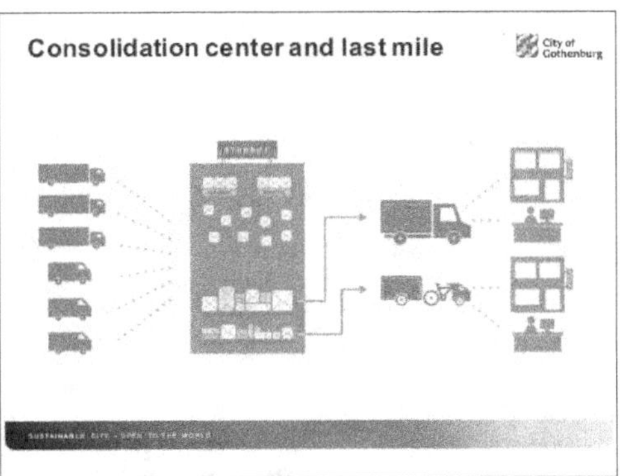

Ayuntamiento o administración local:

- Autorizaciones administrativas.
- Definición de las políticas urbanas del transporte de mercancías.
- Desarrollo de subvenciones y restricciones para apoyar el CUC.
- Realización de actividades de promoción y consecución de apoyos.

¿Cómo ahorrar costos por ausencia de destinatario?

Una de las grandes dificultades de la distribución urbana de mercancías se produce cuando el repartidor llega al destino para realizar la entrega y el destinatario no se encuentra en su domicilio para poder recibirla. En función de lo establecido por la empresa de transporte, es posible que se tenga que regresar a la dirección de entrega, lo que supone un doble costo. Por ello, es muy importante **reducir la posibilidad de que se den segundos o terceros repartos** o minimizar su costo.

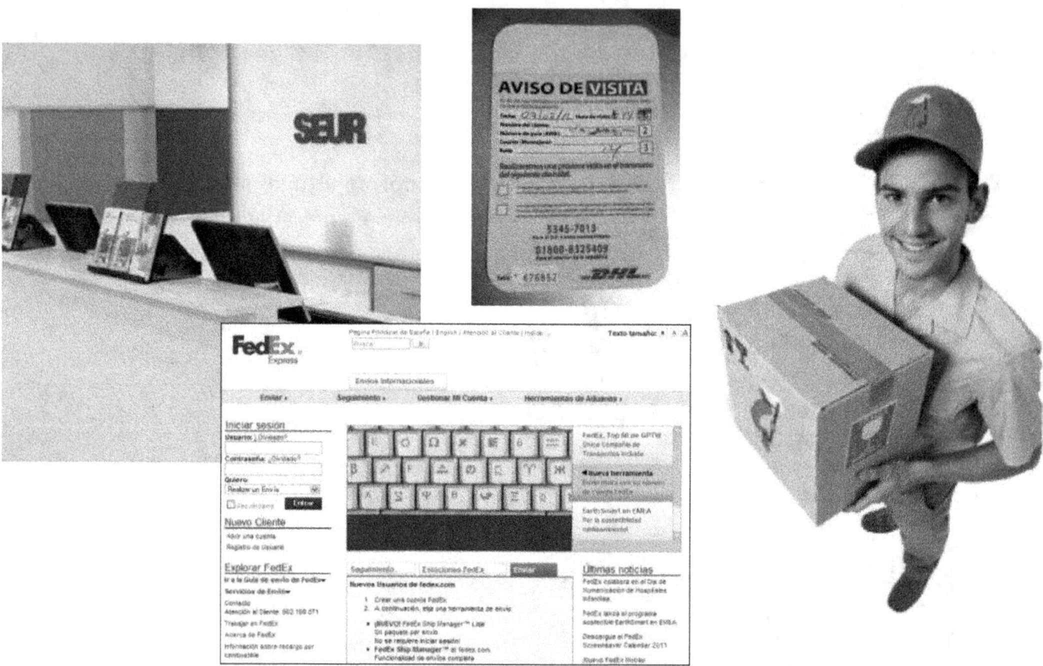

Solución

1. Cobrar un sobrecosto a partir del segundo reparto fallido.

2. Establecer en las condiciones que en caso de ausencia en el primer reparto se dejará una nota para que el destinatario pase a recoger el paquete por un punto de entrega cercano a la dirección de destino.

3. Premiar con un descuento las entregas en un punto concertado (consigna, punto de recogida, etc.).

4. Llamar al teléfono del destinatario antes de pasar por segunda vez.

5. Solicitar la validación de la hora de reparto en el pedido por mensajería instantánea

Gestión de cobros y justificante de entrega

Uno de los aspectos críticos de la distribución de pequeños envíos es el cobro contrarrembolso, así como la administración de los justificantes de entrega para su comprobación ante posibles reclamaciones o devoluciones.

Cuando este sistema implicaba hacer pagos en metálico y aportar documentación física, esto suponía riesgos para el personal de reparto: posibilidad de hurto, necesidad de llevar monedas, aceptar la entrega en un domicilio vecino o las firmas ilegibles.

La aplicación de las tecnologías de la información y la comunicación y las actuales exigencias jurídicas en cuanto a la precisión del comprobante, han motivado la **aparición de nuevos recursos y han hecho variar las técnicas de gestión en el reparto domiciliario.**

Solución

1. Utilizar dispositivos de pago electrónico que admitan tarjetas de crédito o el pago mediante teléfono.

2. Admitir la devolución de cambios vía pago electrónico aunque se haya pagado en metálico.

3. Exigir la firma digital y el número de identidad (en algunos casos se puede pedir el documento escaneado).

4. Instalar impresoras o escáneres portátiles en los vehículos de reparto para imprimir o escanear documentos físicos.

5. Dotar a las empresas de medios de escaneo masivo para archivar en línea los albaranes de entrega.

¿Cómo optimizar el embalado y etiquetado en la e-logística?

Las empresas que venden a través de tiendas en línea tienen unas **dificultades específicas en el embalado y etiquetado,** diferentes a las de la logística tradicional. La diferencia radica en que la e-logística acostumbra a vender bulto a bulto, y es posible que se realice distribución bajo el modelo de envío tercerizado **(ficha H3).** Estos son algunos de los problemas que implica:

- Se genera una enorme variedad de embalajes de distintos tamaños, que deriva en grandes inventarios de embalaje vacío.

- Necesidad de diseñar embalajes especiales para reforzar la imagen de marca en línea.

- En el caso de envíos tercerizados, el distribuidor se enfrenta al reto de embalar sus productos para muchas compañías comercializadoras, que siempre desean destacar su imagen de marca o eliminar la del fabricante.

- Disponer de un embalaje especial para los envíos que suman varios pedidos.

Solución

Técnicas para solucionar estos problemas:

- Reducir la lista de posibles tamaños de embalaje, ajustando el contenido mediante el relleno óptimo.

- Utilizar cajas neutras y prescindir del uso de logotipos.

- Emplear cajas neutras a las que se puede añadir un logotipo mediante etiquetas adhesivas o sistemas de impresión en el momento. También se pueden cubrir las cajas con hojas adhesivas o bolsas de cartón personalizadas.

- Usar cajas de un operador logístico y no del fabricante si el envío es tercerizado.

¿Cómo implementar un sistema de seguimiento de envíos?

Tanto para las empresas vendedoras como para las de transporte es fundamental contar con un sistema de seguimiento de envíos. No obstante, existen muchas casuísticas que dificultan su implementación:

- Es posible que las empresas vendedoras trabajen con varias empresas de transporte.

- Las empresas de transporte pueden establecer sistemas de seguimiento propios o tener que vincular su información con la de clientes muy distintos.

- Existen numerosos sistemas de introducción de datos en el proceso de envío, así como sistemas para visualizarlos.

Solución

Técnicas para desarrollar un sistema de seguimiento de envíos en los diferentes procesos de gestión:

Introducción de datos

1. El personal puede introducirlos manualmente al ejecutar cada paso.
2. Se pueden usar etiquetas inteligentes que actualicen cada paso de manera independiente.

Visualización de datos

1. En la web del cliente, del transportista o mediante plataformas especializadas.
2. A través de aplicaciones informáticas.
3. Por mensajería instantánea o mensajes automáticos de voz.
4. Llamando a teléfonos de consulta automática

Sistemas configurables en la integración de datos

1. La empresa de transporte introduce datos en la web del cliente.
2. En la web del cliente aparece un vínculo a la de la empresa transportista.
3. Se utiliza una plataforma independiente de seguimiento de pedidos.

¿Cómo minimizar costos derivados de instrucciones y direcciones erróneas?

En la distribución urbana, la empresa operadora trabaja con márgenes comerciales muy ajustados, por lo que **cualquier contratiempo puede dar lugar a una pérdida económica en la operación.** Uno de los problemas más destacable es la existencia de direcciones o instrucciones erróneas. Esto puede derivar en gestiones, almacenamiento y segundos repartos que conlleven unos sobrecostos. Sin embargo, es posible emplear algunas técnicas para minimizarlos.

Solución

1. Solicitar la validación de la dirección cuando se realiza el pedido.

2. Disponer de una aplicación informática de validación de direcciones.

3. Indicar la dirección de entrega en la etiqueta para que la revise el personal de reparto.

4. Incluir el teléfono y la persona de contacto en la etiqueta.

5. Contactar telefónicamente para comprobar los datos y comunicar la previsión de entrega.

6. Enviar mensajes instantáneos automáticos anunciando el reparto previamente.

7. Utilizar un sistema pick to light, que permite visualizar en una pantalla el listado de envíos y las instrucciones de entrega, para que se revisen en la cabina del vehículo antes de realizar el siguiente reparto.

8. Incluir un campo obligatorio de indicaciones para la fecha y el horario de entrega.

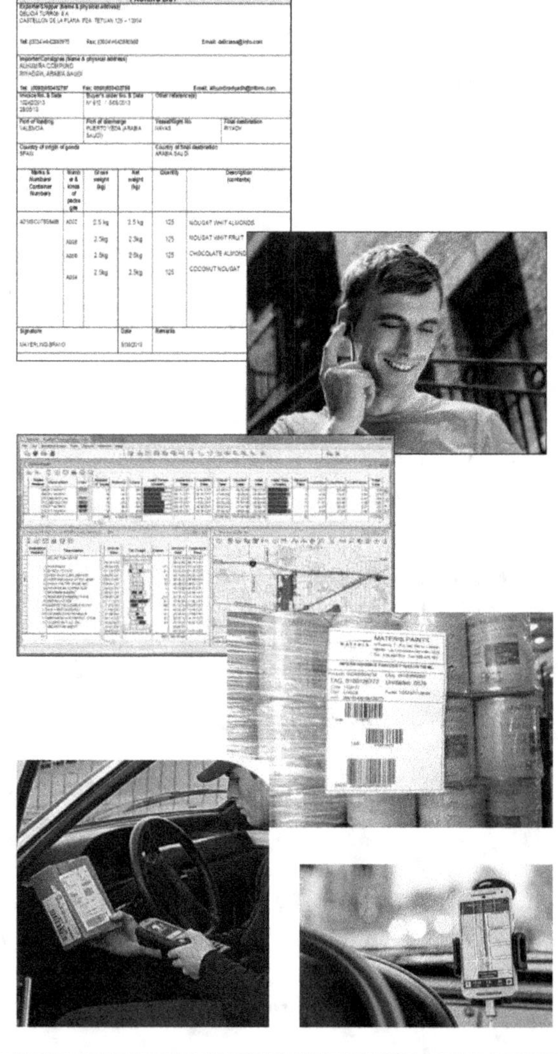

¿Cómo ahorrar costos a través del comercio electrónico colaborativo?

El comercio electrónico colaborativo es una nueva tendencia que permite a las empresas y a las personas el uso de **plataformas especializadas que agrupan las compras y las entregas,** reduciendo así los costos logísticos. Este tipo de comercio es cada vez más habitual (se aplica en servicios de vehículos compartidos, por ejemplo).

Solución

Técnicas para beneficiarse del comercio electrónico colaborativo:

- Primero hay que negociar descuentos por volumen con las compañías de transportes en los siguientes casos:

  1. Agrupación de recogidas, en el tramo desde el origen hasta el destino principal.
  2. Agrupación de entregas, reduciendo el número de destinos.

- Debe visualizarse en la tienda en línea un apartado de descuentos por entregas colaborativas, para que los clientes puedan seleccionar las características de la entrega:

  1. Fecha y domicilio de entrega individual.
  2. Posibilidad de que se entreguen varios pedidos a diferentes destinatarios en una fecha compartida y en un domicilio personalizado.
  3. Posibilidad de que se entregue un pedido en una fecha determinada y que se recoja en un lugar común (punto de conveniencia o recogida).

Además de aplicar estas técnicas a la tienda en línea propia, se pueden buscar webs de terceros en las que encajar los productos propios.

¿Cómo minimizar los costos de la logística inversa en el comercio electrónico?

Uno de los sobrecostos más significativos de la venta en línea se deriva de la logística inversa, es decir, cuando hay que **recoger un pedido ya entregado.** Las causas de esta incidencia pueden ser muy diversas. A continuación se proponen algunos de los motivos y las posibles soluciones:

- El pedido es incorrecto, no se corresponde con lo solicitado.
- El producto deja de funcionar dentro del periodo de garantía.
- El pedido llega dañado o en condiciones inadecuadas.

- Se entrega el producto correcto al mismo tiempo que se recoge el incorrecto.
- Se valora la reparación o la destrucción.

- El cliente no está conforme con lo recibido y hay un periodo para devoluciones.
- Sobran piezas o unidades en el pedido.

- Se almacena el producto recogido en el lugar más cercano. Se puede reprogramar la entrega a otro cliente si el producto está en buenas condiciones.
- Se valora si recoger las piezas, solicitar su destrucción o permitir que el cliente se las quede.

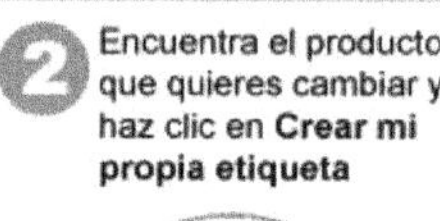

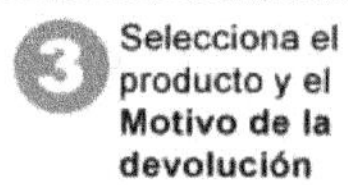

Ejemplo de instrucciones para devoluciones.

- Faltan piezas o unidades en el pedido
- Son muestras que se han prestado temporalmente para favorecer una venta posterior.
- Se ha pactado una devolución del embalaje tras la entrega.

- Se entregan las piezas que faltan sin reponer todo el pedido
- Se coordina la recogida y la entrega a otro cliente en la misma orden, para no devolverlo al remitente.
- Se coordina la recogida de los embalajes a partir de un volumen mínimo.

Sistemas de optimización de rutas de reparto

Las empresas de mensajería o paquetería deben optimizar las rutas de reparto de sus vehículos, integrando a su vez los distintos **objetivos para ofrecer el mejor servicio a los clientes.** Entre otros, se puede requerir:

- Garantizar la máxima fiabilidad en las entregas.
- Ofrecer el costo de reparto más bajo posible.
- Ser flexible en las fechas de entrega, ofreciendo incluso entregas en menos de una hora.
- Tener capacidad para absorber los máximos picos de demanda.

Además de respetar estos objetivos, cuando se optimicen las rutas de reparto, hay que tener en cuenta determinados parámetros, como por ejemplo:

- El tamaño y el tipo de vehículos disponibles.
- La cantidad y las características de los clientes.
- El volumen y el peso medio y máximo de los paquetes que se reparten.
- Las restricciones horarias (hora determinada por el cliente o atascos habituales).
- Las restricciones legales (tacógrafo, limitaciones de acceso a algunas zonas por el tipo de vehículo, etc.).
- La prioridad de entrega en horario comercial (antes de las 8:00 h, por ejemplo).

Para optimizar las rutas se usan modelos matemáticos, que buscan una función objetivo y usan ecuaciones y restricciones que reflejan las variables a tener en cuenta. Hay distintos modelos para hacer estos cálculos:

- **Modelos exactos o lineales.** Las variables son constantes, reales y previsibles. Por ejemplo: costo combustible = km × 0,9 €/km.
- **Modelos heurísticos.** Utilizan algoritmos para solucionar problemas determinados. Hay muchos tipos: constructivos, de reducción, de búsqueda local, inductivos, etc.
- **Modelos metaheurísticos.** Emplean estrategias para resolver una gran variedad de problemas para los que no se pueden aplicar algoritmos fiables.
- **Modelos híbridos.** Combinan distintos modelos.

¿Cómo solucionar el problema del agente viajero con el método del vecino más cercano?

El problema del agente viajero, también conocido por sus siglas en inglés TSP *(travelling salesman problem)*, consiste en planificar un recorrido que conecte una serie de nodos por los que ha de pasar un vehículo una única vez y volver al punto de origen. Esta técnica para optimizar la ruta también puede utilizarse para calcular el menor costo o tiempo posible.

Existen multitud de algoritmos para calcular la ruta. Un ejemplo es el método del vecino más cercano, que consiste en **buscar siempre la distancia más corta desde un punto hasta el siguiente.**

Ejemplo

Una panificadora A tiene que repartir a tres tiendas y quiere saber cuál es la distancia de recorrido mínima posible si sale del punto A, pasa por todas las tiendas y regresa al punto inicial.

A este problema se le pueden añadir otras variables como costo, tiempo, etc.

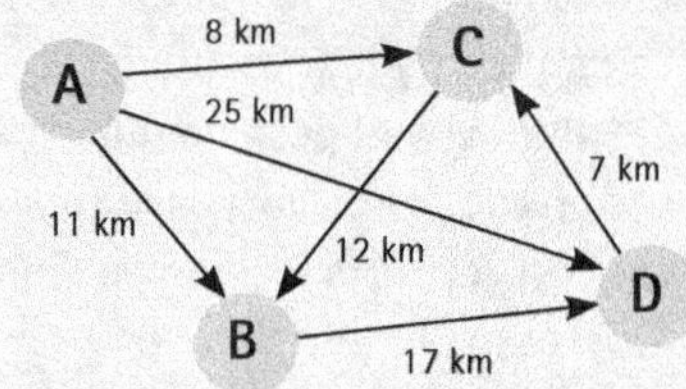

	A	B	C	D
A	0	11	8	25
B	11	0	12	17
C	8	12	0	7
D	25	17	7	0

1. Se escoge el punto más cercano al de origen. En este caso es el punto C, con una distancia de 8 km. Es decir, el primer recorrido sería A–C.

	A	B	C	D
A	0	11	8	25
B	11	0	12	17
C	8	12	0	7
D	25	17	7	0

2. Una vez en C, se calcula la distancia hasta los puntos que aún no se han visitado, y se escoge el más cercano. En este caso, la mejor opción sería dirigirse a D, recorriendo 7 km. El recorrido sería A–C–D.

	A	B	C	D
A	0	11	8	25
B	11	0	12	17
C	8	12	0	7
D	25	17	7	0

3. Se repite el proceso desde el punto D. El punto más cercano es el B, con una distancia de 17 km. Finalmente, se regresa al punto A, recorriendo 11 km. El recorrido más corto sería A–C–D–B–A, con una distancia total recorrida de 43 km.

Existen aplicaciones para trazar estas rutas, como el programa gratuito WinQSB 2.0.

¿Cómo solucionar el problema del agente viajero con el método de la fuerza bruta?

Este método para calcular la ruta óptima prescinde de algoritmos y fórmulas concretas de cálculo. Presenta las **combinaciones posibles y suma los resultados,** lo que permite elegir la opción más conveniente.

Solución

Para comprobar la diferencia con el método del vecino más cercano y poder comparar las dos soluciones, se utilizará el ejemplo de la panificadora A **(ficha H14).**

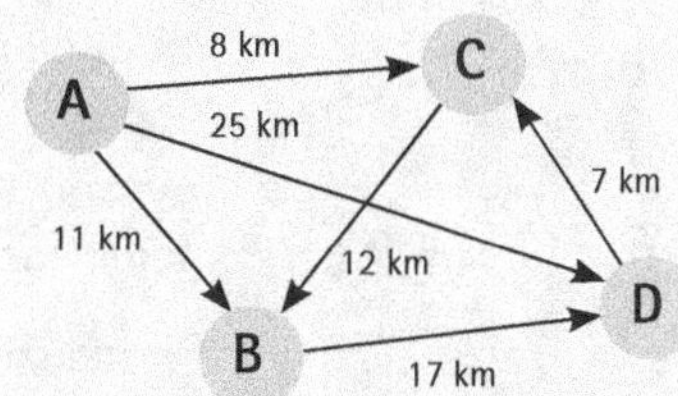

1. Primero hay que plasmar las diferentes distancias entre los nodos de la ruta, como se muestra en la imagen (distancia entre A y B, entre A y C, etc.).

	A	B	C	D
A	0	11	8	25
B	11	0	12	17
C	8	12	0	7
D	25	17	7	0

2. Después se exponen las posibles combinaciones de rutas y se calcula la distancia resultante:

   - A-C-D-B-A = 8 + 7 + 17 + 11 = 43 km
   - A-C-B-D-A = 8 + 12 +17 + 25 = 62 km
   - A-D-C-B-A = 25 + 7 + 12 + 11 = 55 km
   - A-D-B-C-A = 25 + 17 + 12 + 8 = 62 km
   - A-B-D-C-A = 11 + 17 + 7 + 8 = 43 km
   - A-B-C-D-A = 11 + 12 + 7 + 25 = 55 km

3. Finalmente se eligen las rutas más breves. En este caso, las mejores opciones serían:

   - A-C-D-B-A = 43 km
   - A-B-C-D-A = 43 km

Este sistema se aplica normalmente para rutas con menos de 20 nodos a recorrer, ya que con mas nodos el número de combinaciones sería muy elevado

¿Cómo solucionar el problema de la mochila con el método de ramificación y poda?

También conocido por las siglas KP *(knapsack problem)*, es un problema de **optimización combinatoria,** que forma parte de una lista de problemas computacionales ideada por el informático teórico Richard Karp en 1972.

El dilema consiste en meter en una mochila una serie de ítems de diferentes pesos y valores, de tal manera que se obtenga el mayor beneficio posible y no se exceda el peso o volumen máximo que soporta la mochila. Por lo tanto, hay que buscar la combinatoria óptima.

En logística, se aplica a la pregunta de cómo obtener el mayor rendimiento económico en cada ruta de reparto.

Solución

Existen diversos algoritmos para solucionar el problema. Uno de los más efectivos es el método de ramificación y poda, conocido así por su representación gráfica. Este método presenta las posibles combinaciones como un árbol de soluciones, que se elabora informáticamente a través de funciones, variables y restricciones.

Para ver su aplicación, se partirá del ejemplo de la panificadora A **(ficha H14),** representado en el esquema.

Este método de algoritmos detecta **en qué ramificación las soluciones dadas no son óptimas, para realizar una «poda»** de esa rama. El objetivo es dejar de malgastar recursos en aquellas combinaciones que se alejan de la solución óptima.

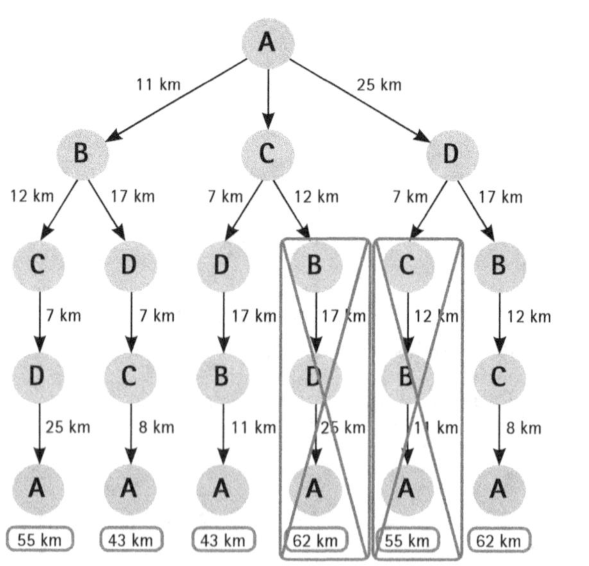

¿Cómo optimizar la ruta con los modelos PRV?

El problema de rutas de vehículos o PRV *(vehicle routing problem o VRP)* es un modelo de diseño de rutas para que una flota de transporte pueda dar servicio a sus clientes. Además de la ruta de reparto, se han de considerar una serie de **variables y restricciones, así como unos objetivos de optimización.**

Solución

El modelo presenta diversas variantes según las variables de la ruta:

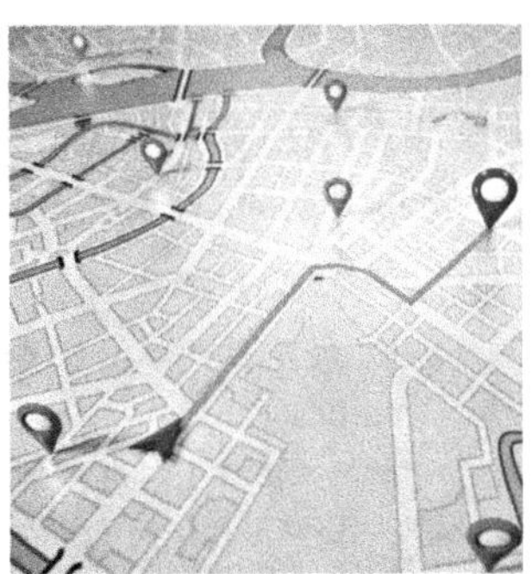

- Con ventanas horarias de entrega **(VRPTW).** Cada cliente debe ser atendido dentro de una ventana horaria concreta.
- Con ventanas horarias en caso de incumplimiento de entrega **(VRPSTW).**
- Con destinos móviles **(VRPMD).** Hay múltiples almacenes desde los que pueden servirse los pedidos.
- PRV periódico. Cuando existen fechas de entrega fijas.
- PRV estocástico. Sometido a los imprevistos del azar.
- PRV abierto. Cuando el vehículo no tiene que regresar al almacén de origen, pudiendo usar otros.
- Con recogida y entrega al mismo tiempo **(VRPPD).**
- Cuando existen flotas heterogéneas de vehículos **(VRPHE).**
- Cuando la capacidad es limitada **(CVRP).**

Proceso

El proceso general de trabajo con un modelo PRV se realiza a través de la investigación operativa, cuyos pasos son los siguientes:

1. Definir el problema.
2. Elegir el modelo de optimización que se aplicará.
3. Analizar y decidir la solución óptima.
4. Realizar pruebas reales para validar la solución o corregirla.
5. Implementar la solución elegida.

Estos cálculos son complejos, por lo que se realizan a través de distintos programas informáticos. Un ejemplo es la aplicación «Rutas», que permite realizar cálculos CVRP.

¿Cómo solucionar el problema del cartero chino?

También conocido por las siglas CPP, es un problema de optimización de rutas formulado por Kwuan Mei-ko en 1962. Consiste en **encontrar el camino más corto pasando por cada arista de un grafo** (representación gráfica de un recorrido) y volviendo al nodo de partida. Existen diversas soluciones y variantes:

- **En un grafo dirigido (DCPP).** La conexión entre los nodos no es bidireccional.
- **En un grafo mixto (MCPP).** Algunas de las aristas podrían estar direccionadas.
- **Con viento (WPP).** No es igual de costoso recorrer las aristas en una dirección que en otra (debido a la inclinación de la carretera, el tráfico, etc.).
- **El cartero rural (RPP).** Encontrar el ciclo más barato para recorrer un subconjunto de aristas.

Ejemplo

Un ejemplo de solución posible al problema del cartero chino:

1. Se marcan las esquinas de cada nodo y se conectan, representando así el recorrido en forma de grafo.
2. Se determinan las distancias entre cada punto.
3. Se analiza cómo se conectan los nodos, para determinar si hay un número par o impar de conexiones.
4. Se calcula la distancia entre los que tienen un número de conexiones impar.
5. Se calculan los arcos ficticios.
6. Para obtener la solución se parte del nodo A, se pasa por todos los nodos con conexiones pares, teniendo en cuenta los arcos ficticios, y sin repetir el recorrido.

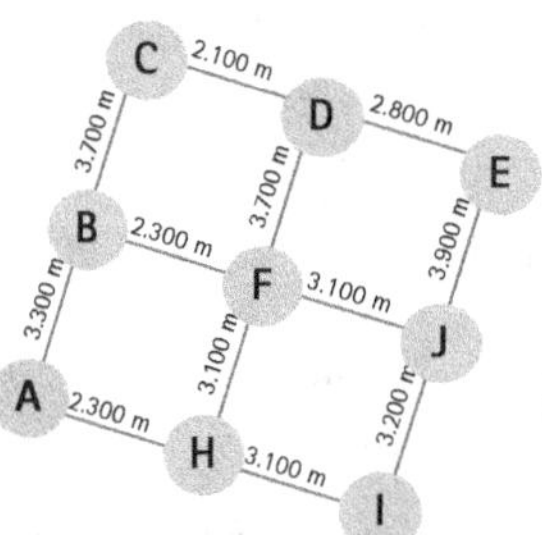

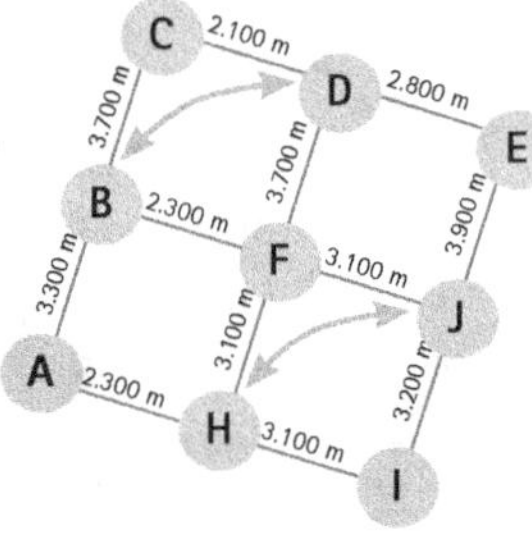

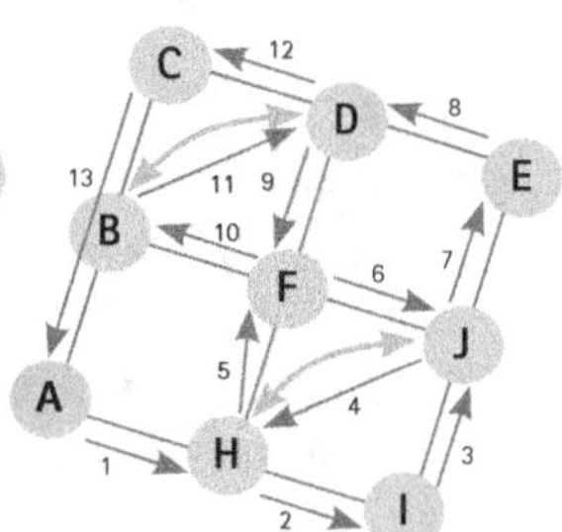

Nodo	Distancia
B-D	5.800
B-J	5.400
B-H	5.500
D-J	6.700
D-H	6.900
J-H	5.900

Arco ficticio	Distancia
B-J	5.400
D-H	6.900
Total	12.300

La logística verde y su impacto en el ahorro de costos

Desde las empresas que prestan servicios logísticos se hacen esfuerzos transformadores para reducir las emisiones contaminantes, prevenir la escasez de recursos naturales y evitar la saturación por acumulación de residuos. El objetivo es **adaptar los procesos logísticos a la necesidad de preservar el medio ambiente** y al consumo racional de recursos. El conjunto de técnicas, tácticas y estrategias para conseguir dicho objetivo se denomina logística verde. Además de actuar para evitar el impacto ecológico de la logística, la logística verde también permite ahorrar costos logísticos.

Descripción

La logística verde aborda una serie de campos:

1. Reducción de **emisiones.** Su principal indicador es la huella de carbono **(ficha H20).** Propone un conjunto de medidas en el transporte, el almacén y la estrategia de distribución para reducir los gases de efecto invernadero.

2. Reducción de **recursos y servicios** consumidos. Producir únicamente la cantidad necesaria para reducir el impacto medioambiental.

3. Gestión y **reciclaje** de los residuos generados.

4. Medición, análisis y planificación de actividades que tengan un impacto en el medio ambiente, de una forma estandarizada y que permita una **gestión medioambiental** de calidad.

Para regular las actividades que tienen un impacto en el medio ambiente, se han desarrollado estándares internacionales como la norma **ISO 14001.** Asimismo, existen distintas regulaciones y modelos de gestión según su ámbito (locales, nacionales, etc.) o sector a tener en cuenta.

¿Qué es la huella de carbono?

Es un **indicador que mide el impacto sobre el medioambiente de los gases de efecto invernadero** (GEI) emitidos en la fabricación de un producto o por la actividad de un servicio, evento u organización, de forma directa o indirecta durante su vida útil o durante un periodo de tiempo concreto.

El efecto invernadero, propiciado por los GEI, provoca un sobrecalentamiento de la atmósfera, lo que conlleva nefastos efectos medioambientales. Por ello, existen normativas como el Protocolo de Kioto para tratar de controlar su efecto. Para calcular la huella de carbono, se examina la emisión de los gases que este protocolo determina como GEI:

- Dióxido de carbono (CO_2).
- Metano (CH_4).
- Óxido nitroso (N_2O).
- Hidrofluorcarburos (HFC_s).
- Hexafluoruro de azufre (SF_6).
- Perfluorcarbono (PFC_s).

Normativa

Existen distintas iniciativas y protocolos internacionales para el cálculo de la huella de carbono:

- **Para las organizaciones:**
  - Greenhouse Gas Protocol (GHG).
  - ISO 14064-1.
- **Para productos, servicios o eventos:**
  - Norma PAS 2050.
  - ISO/TS 14067.
  - ISO 14044.

Además, existen multitud de herramientas, organismos y páginas web que permiten su cálculo introduciendo determinados parámetros **(ficha H22).**

¿Cómo calcular la huella de carbono en organizaciones con el Protocolo GHG?

Fue desarrollado por el World Resources Institute (WRI) y el World Business Council for Susteinable Development (WSCSD), junto a distintos Estados, empresas y grupos internacionales. La finalidad del Protocolo GHG es **generar un conjunto de procesos que permitan reducir el impacto negativo del cambio climático.**

Solución

La huella de carbono en las organizaciones es la cantidad total de GEI que estas generan. Se mide la cantidad que emiten, tanto de manera directa como indirecta, en kg de CO_2 equivalente (CO_{2eq}), es decir, la cantidad de GEI distintos del dióxido de carbono convertidos a su valor equivalente en CO_2.

$$\text{Huella de carbono total} = \Sigma \, kg/CO_{2eq} \text{ total}$$

Para obtener los kg de CO_{2eq} se convierten los gases (metano, óxido nitroso, hidrofluorocarburos, etc.) a este parámetro mediante un factor de conversión y se utiliza la siguiente fórmula:

$$\text{Huella de carbono} = \text{dato de actividad} \times \text{factor de emisión}$$

- El dato de actividad se mide en los valores determinados para cada producto durante un periodo concreto. Por ejemplo, el consumo anual de gasolina en litros (l).

- El factor de emisión lo marca el Protocolo en unas tablas que se pueden consultar. Por ejemplo, para diésel sería 2,471 kg CO_2/l.

Para calcular la huella de carbono un vehículo que consume 10000 l/año de combustible diésel:

$$10.000 \, l \times 2{,}471 \, kg/CO_2/l = 24.710 \, kg/CO_{2eq}$$

Normativa

En el protocolo GHG se definen tres alcances a los que puede llegarse en la medición:

Alcance deseado	Parámetros a medir
1. Emisiones directas	• Consumo de combustibles en edificios (calderas de gas natural, gasoil, etc.). • Fugas, por ejemplo de gases refrigerantes en equipos de climatización. • Consumo de combustibles en vehículos.
2. Emisiones indirectas por consumo eléctrico	• Consumo de electricidad en edificios.
3. Otras emisiones indirectas	• Viajes de trabajo con medios de transporte externos. • Servicios subcontratados (gestión de residuos, limpieza, etc.). • Compra de productos. • Otros.

¿Cómo ahorrar costos mediante la huella de carbono?

La apuesta por la logística verde y las estrategias que propone para reducir la huella de carbono supone un ahorro de costos a las empresas:

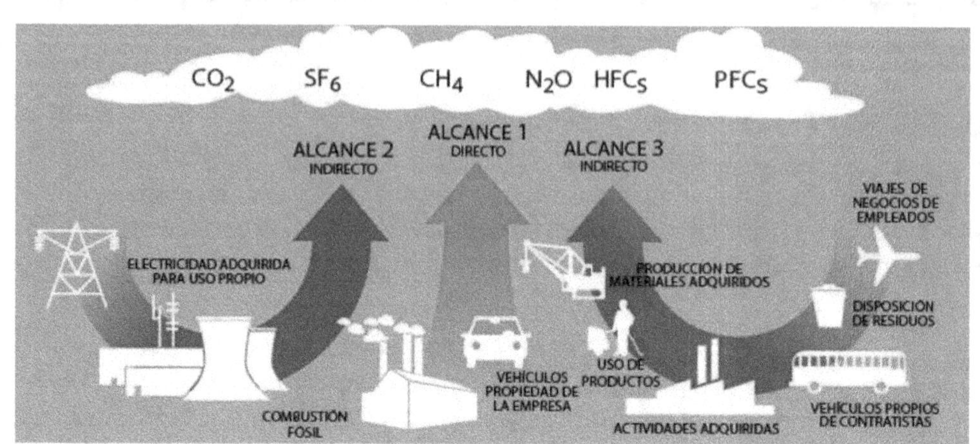

- **Reducir el gasto energético y eléctrico en edificios.** Se puede conseguir mediante la utilización de aislantes, empleo de maquinaria con menor consumo, gestión inteligente, etc. Al reducir el gasto, la inversión se amortiza y genera ahorros.

- **Reducir el gasto de combustible.** Para ello, es posible adoptar las siguientes medidas:

  - Sustituir paulatinamente la flota de vehículos propios (de carretera y almacén) por otros de menor consumo o que funcionen con combustibles alternativos (electricidad o gas).

  - Trabajar con proveedores y empresas que utilicen este tipo de vehículos. Parte del ahorro del proveedor, puede trasladarse a la propia empresa.

- **Aplicar políticas de fomento de transporte público o eco-amigables.** El uso de bicicletas o vehículos eléctricos mejora la imagen de la empresa y reduce la rotación del personal y los costos derivados.

- **Gestión eco-amigable de proveedores.** Aplicar técnicas de reutilización del embalaje (logística inversa) o de reciclaje puede generar ingresos o ahorro costos si es posible vender determinados residuos (chatarra, papel, etc.).

- Aplicar estas políticas puede generar ventas adicionales si se mejora la imagen de marca o dar acceso a determinadas subvenciones.

¿Cómo ahorrar costos con la política de residuo cero?

Un residuo es cualquier sustancia u objeto sobrante que por sus características se puede clasificar según las listas internacionales de referencia (por ejemplo, los Códigos LER). El costo total de eliminación de un residuo es muy elevado ya que supone gran cantidad de mano de obra y costos internos. La política de residuo cero trata de **eliminar totalmente la generación de residuos** mediante la aplicación de diversas técnicas:

Técnica	Ejemplo
Seleccionar materias primas que no generan residuos	Elegir envases reutilizables en lugar de palés de un solo uso y film estirable
Determinar el balance de masas (masa original y masa resultante) e intentar aproximarlas	Utilizando flejes de poliéster se genera un tambor y plástico envolvente como residuo. Utilizando fleje textil, solo la bolsa de plástico
Analizar qué genera los residuos y las soluciones para evitarlos	En lugar de generar restos de madera al cortar los tablones para realizar una estiba, se pueden comprar precortados o aprovechar los restos
Emplear la medición como herramiena para detectar la fuente de los residuos	Si el 10 % de los residuos son grasas y suciedad de las carretillas, se pueden implementar procesos para que no se produzcan escapes
Asegurar que el trabajo se desempeña de manera correcta	Analizar por qué hay rechazos y establecer políticas para evitarlos según su causa
Involucrar al personal y establecer objetivos	Implementar el mantenimiento total productivo con objetivos de generación de residuos individualmente o por equipos
Analizar formas de eliminar o minimizar los residuos que quedan en el fondo de recipientes	En el empleo de jabones, suele quedar siempre residuo en el fondo. Si se usan octavines en lugar de grandes recipientes para mercancías a granel (GRG) se podrá eliminar prácticamente el residuo y transportarse plegado
Fomentar la reutilización	Recubrir de plástico un bidón para su reutilización supone una décima parte del costo que supondría comprar un bidón nuevo
Analizar las causas del inventario muerto (el que no se va a seguir vendiendo) para no volver a producirlo y minimizar los costos	Si se determina que el inventario no puede tener más de seis meses y se aplican descuentos para su venta se disminuye el riesgo del inventario muerto
Analizar los lotes de compra para evitar los excesos de inventario que pueden generar residuos por deterioro	Hacer una compra excesiva para obtener mejor precio por unidad puede generar residuos por obsolescencia. Hay que calcular el lote óptimo
Hacer pruebas de calidad en las instalaciones del proveedor	Si hay que hacer pruebas para un nuevo embalaje, es preferible hacerlo en las instalaciones del proveedor para que pueda aprovechar los residuos generados
Usar depósitos y circuitos en lugar de GRG o bidones para el producto líquido	Se puede suministrar agua destilada con un camión cisterna si se dispone de un depósito permanente que pueda suministrar a diversos puntos
Reducir los riesgos de generación de residuos por mala manipulación	Si se emplean eslingas de acero sin protección se dañarán antes y se convertirán en residuos
Cuadrar los suministros con múltiplos de las cantidades requeridas en cada operación para no generar restos	Si hay que rellenar de anticongelante un depósito de 1,5 l no es recomendable adquirir botelllas de 1 l, porque generarían 0,5 l de resto
Comprar suministros con cierres que no generen residuos	Las cajas pueden disponer de un sistema de cierre de cartón, y se evita cerrarlas con cinta adhesiva

¿Qué es la logística global de proyectos de carga?

Es una rama de la logística dedicada a la **gestión integral del transporte de cargas de gran peso o volumen.** Comprende desde el proceso de diseño de los productos hasta su entrega e incluso servicios posteriores en el lugar de destino. Abarca diversos campos:

- Intervención en el diseño del producto. Supervisa la resistencia adecuada de la pieza ante las fuerzas que soportará durante su manipulación y transporte.

- Embalado y diseño de los sistemas de estabilización y protección. Procura que sean adecuados para la carga

- Planificación y suministro de los útiles, herramientas y vehículos para la manipulación.

- Análisis de las resistencias y holguras de la ruta.

- Obtención de permisos necesarios de transporte.

- Modificación o adecuación de los lugares por los que pasará la pieza para permitir su recorrido. Puede suponer la ejecución de obras especiales para ello.

- Operaciones de carga y estiba de la mercancía, tanto a nivel local como internacional, incluyendo la estabilización de la carga.

- Transporte local (por carretera) o internacional (marítimo). Puede incluir un servicio de apoyo en operaciones de lastrado y análisis estructurales de las cubiertas y puntos de anclaje.

- Elaboración de estructuras para la correcta distribución del peso durante el transporte.

- Descarga y desembalado.

- Ensamblaje y apoyo durante la puesta en marcha.

Decálogo de técnicas para ahorrar costos en logística de proyectos de carga

Gran parte de los **sobrecostos habituales se deben a la falta de planificación** previa del proyecto. Esto provoca que, posteriormente a la producción de la pieza, aparezcan imprevistos que podrían haberse evitado siguiendo unas sencillas técnicas:

1. Durante el proceso de diseño del producto que hay que transportar, hay que tener en cuenta la resistencia estructural necesaria para que la pieza soporte las manipulaciones y las fuerzas a las que se puede ver sometida en el transporte.

2. Calcular el número óptimo de puntos de amarre para la elevación y la estiba, intentando aprovechar aquellos para el proceso de estiba.

3. Antes de la producción del producto, hay que analizar la resistencia de las rutas por las que hay que circular y los costos que pueden producirse. De este modo, se puede adaptar el diseño y el ensamblado para evitar sobrecostos.

4. Previamente a la producción, hay que prever las herramientas y los útiles necesarios para el izado y la estiba, y escoger la opción menos costosa.

5. Antes de realizar cambios estructurales en las vías públicas, hay que considerar el uso de vehículos con mayor número de ejes, radio de giro, etc.

6. Tener en cuenta la opción de modificar el diseño del producto para estabilizar la carga de manera natural, sin emplear estibadores especiales.

7. Negociar un precio de transporte más favorable. Esto se puede conseguir informándose de los posibles tráficos de los porteadores para adaptarse a los mismos.

8. Implementar técnicas de mejora de tiempos para reducir los días necesarios para cada operación.

9. Antes de cada operación, hay que realizar listas de comprobación: de útiles, personas, herramientas o vehículos.

10. Formar al personal de manera conjunta, para que cada individuo comprenda todos los pasos de la cadena. De ese modo, la ejecución de las operaciones resultará más sencilla.

Manual de estrategia de operaciones

Ángel Caja Corral

Técnicas logísticas para innovar planificar y gestionar. Aurum 1

Luis Carlos Hernández Barrueco

Logística urbana. Manual para operadores logísticos y administraciones públicas

Ignasi Ragàs

Almacenes y centros de distribución Manual para optimizar procesos y operaciones

Diego Luis Saldarriaga Restrepo

Técnicas para ahorrar costos logísticos. Aurum 2

Luis Carlos Hernández Barrueco

Centros logísticos

Ignasi Ragàs

Cadena de suministro 4.0. Beneficios y retos de las tecnologías disruptivas

Alberto Tundidor

Manual de prevención de riesgos laborales

Blas Gómez

Soluciones logísticas

Francisco Álvarez Ochoa

**Manual de gestión
de almacenes**
Sergi Flamarique

**Normativa de estiba
en carretera. Claves,
soluciones y modelos para
estibar y trincar cargas**
Eva María Hernández Ramos

**Manual del transporte
en contenedor**
Jaime Rodrigo de Larrucea

**Lean Energy 4.0.
Guía de Implementación**
Luis Socconini, Juan Pablo Martín

**Manual del transporte
de mercancías**
Jaime Mira, David Soler

**Estiba y trincaje de las
mercancías en contenedor**
Francisco Fernández Sasiaín

**Manual del comercio
electrónico**
*Eva María Hernández Ramos,
Luis Carlos Hernández Barrueco*

**Transporte marítimo
de mercancías.
Los elementos clave,
los contratos y los seguros**
Rosa Romero, Alfons Esteve

**Manual de gestión aduanera.
Normativas del comercio
internacional y modelos de
integración económica**
Pedro Coll

València, 558 – 08026 Barcelona – Tel. +34-931 429 486 – marge@margebooks.com – www.margebooks.com